INCONTROLÁVEL:

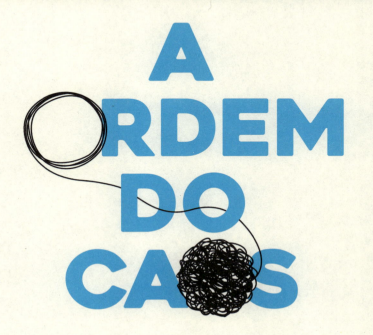

A ORDEM DO CAOS

CARO(A) LEITOR(A),

Queremos saber sua opinião sobre nossos livros.

Após a leitura, siga-nos no **linkedin.com/company/editora-gente,**

no TikTok **@editoragente** e no Instagram **@editoragente,**

e visite-nos no site **www.editoragente.com.br**.

Cadastre-se e contribua com sugestões, críticas ou elogios.

Marcelo Flores

Prefácio de Caito Maia

INCONTROLÁVEL: A ORDEM DO CAOS

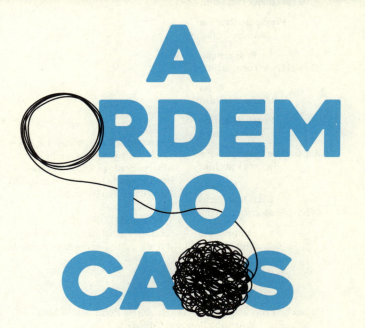

Aceite os imprevistos e transforme o inesperado **em uma vantagem competitiva**

Diretora
Rosely Boschini

Gerente Editorial Sênior
Rosângela de Araujo Pinheiro Barbosa

Editora
Natália Domene Alcaide

Assistente Editorial
Mariá Moritz Tomazoni

Produção Gráfica
Leandro Kulaif

Preparação
Daniel Rodrigues Aurélio

Capa
Renata Zucchini

Projeto Gráfico
Márcia Matos

Adaptação e Diagramação
Renata Zucchini

Revisão
Júlia Rodrigues
Débora Spanamberg Wink

Impressão
Santa Marta

Copyright © 2025 by Marcelo Flores
Todos os direitos desta edição
são reservados à Editora Gente.
Rua Deputado Lacerda Franco, 300
Pinheiros – São Paulo, SP
CEP 05418-000
Telefone: (11) 3670-2500
Site: www.editoragente.com.br
E-mail: gente@editoragente.com.br

Dados Internacionais de Catalogação na Publicação (CIP)
Angélica Ilacqua CRB-8/7057

Flores, Marcelo
  Incontrolável : a ordem do caos : aceite os imprevistos e transforme o inesperado em uma vantagem competitiva / Marcelo Flores. - São Paulo : Editora Gente, 2025.
  192 p.

ISBN 978-65-5544-588-6

1. Desenvolvimento profissional I. Título

25-0469   CDD 658.1

Índices para catálogo sistemático:
1. Desenvolvimento profissional

Nota da publisher

Estar à frente de uma grande editora é viver o inesperado quase diariamente. O mercado editorial é constantemente desafiado por transformações: não só nos hábitos de leitura, mas de novas tecnologias, crises econômicas, problemas de distribuição e muito mais. Quem trabalha com livros sabe que essa incerteza faz parte do caminho, mas é justamente ela que nos ajuda a inovar, criar e prosperar.

Quando conheci o projeto *Incontrolável: a ordem do caos*, de Marcelo Flores, soube que esta era uma obra importante. Todos precisamos aprender a navegar em meio ao caos, e o que me chamou a atenção foi a clareza com que Marcelo aborda algo que muitos de nós evitamos: o fato de que nem tudo pode, ou precisa, ser controlado. Com mais de trinta anos à frente de eventos que impactaram milhões de pessoas, ele viveu na prática o que significa lidar com o inesperado. Mais do que isso: ele transformou o incontrolável em vantagem competitiva, liderando produções icônicas como o Réveillon na Paulista e a Fifa Fan Fest.

A força deste livro está justamente em mostrar que aceitar e contornar o caos pode nos levar mais longe do que tentar resistir a ele. Não importa se você lidera uma empresa, organiza grandes eventos ou está lidando com desafios pessoais, este livro tem algo a oferecer a você. Além de muito divertida, esta leitura é um divisor de águas para sua carreira e vida pessoal.

Convido você a abrir seus olhos para o poder do inesperado e descobrir como é possível liderar, crescer e triunfar independentemente das circunstâncias. Afinal, quando abraçado com criatividade e estratégia, o incontrolável se transforma em uma vantagem competitiva que leva a resultados extraordinários.

Boa leitura!

ROSELY BOSCHINI
CEO e Publisher da Editora Gente

Dedicatória

Sou muito grato por este livro ter chegado em você. Mais do que páginas escritas, ele carrega a intenção de ajudá-lo a enfrentar o inesperado, mesmo nas situações mais desafiadoras. Espero que, ao mergulhar nesta leitura, você descubra novas formas de estimular sua criatividade e encontrar soluções transformadoras para os desafios mais complexos da sua vida, carreira e negócios.

Incontrolável: a ordem do caos nasce de uma metodologia que venho desenvolvendo e compartilhando ao longo dos anos na minha trajetória profissional e nas aulas que ministro. Seu propósito é romper a barreira que tantas vezes nos paralisa: o medo. Este livro não trata de controlar o caos, mas de abraçá-lo e transformá-lo em resultados. É um convite para converter a insegurança em ação e aprendizado.

Comecei a escrever este livro durante a pandemia, período em que fomos colocados diante de uma total paralisia de controle. Naquele cenário desafiador, eu me questionei inúmeras vezes sobre como poderia ajudar empreendedores e profissionais a lidar com uma situação tão extrema e alarmante. Apesar de não estarmos preparados, fomos obrigados a nos adaptar, criar soluções e implementar melhorias que, em condições normais, levariam anos – talvez décadas – para acontecer.

Em meio a esse caos, escrevi um primeiro esboço. Havia produzido cerca de 170 páginas, frutos de dias intensos de inspiração e pesquisa, na busca por respostas para os desafios que enfrentávamos.

No entanto, ao concluí-lo, percebi que ainda faltava algo que realmente capturasse a essência de transformar o inesperado em força. Decidi, então, parar tudo, deixar o que já estava feito para trás e recomeçar do zero. Foi desse recomeço que nasceu *Incontrolável: a ordem do caos*, a obra que está agora em suas mãos, pronta para ajudá-lo a transformar desafios em oportunidades.

Dei o meu melhor para criar este livro, concebido para levar você a uma jornada de descobertas e estratégias, ajudando a lidar com adversidades e incertezas em busca de sucesso duradouro.

Dedico esta obra a você, leitor. O mundo precisa de pessoas mais preparadas, resilientes e capazes de transformar o caos em resultados extraordinários. Que este livro sirva de inspiração para que você pense e desenvolva soluções nunca antes imaginadas. Faça acontecer!

Agradecimentos

Escrever um livro pode parecer uma jornada individual. No entanto, quando se pretende que ele alcance milhares de pessoas, é necessário contar com o esforço de uma equipe.

Escrever *Incontrolável: a ordem do caos* foi uma experiência desafiadora e, ao mesmo tempo, profundamente transformadora. Não se tratou apenas de reunir palavras ou realizar pesquisas, mas de traduzir vivências, aprendizados e superações em algo capaz de impactar vidas, carreiras e negócios.

Minha mais profunda gratidão vai para minha família. Ela esteve comigo em cada momento desta jornada. À minha esposa, Andrea Flores, meu amor, meu alicerce e meu anjo. Nada disso seria possível sem a sua companhia, encorajamento e inspiração. Aos meus filhos, Thiago e Caroline, cujo amor incondicional e apoio inabalável são os pilares do meu crescimento e a essência de cada conquista. Obrigado por me darem o espaço e a motivação necessários para realizar esta obra. Vocês são minha eterna fonte de inspiração.

Aos meus pais, especialmente minha mãe, Frida R. Elimelek Flores, e aos meus irmãos, Ludmila e Sandro, minha gratidão é infinita. Vocês sempre acreditaram em mim e me ensinaram o verdadeiro significado de força e resiliência.

Ao Alex Vendrametto, agradeço profundamente pelo apoio no planejamento e desenvolvimento deste livro. Sua contribuição foi essencial para moldar as ideias e dar vida a esta obra, e, por isso, serei sempre grato.

E, por fim, meu agradecimento à equipe da Editora Gente, que foi incansável em transformar este sonho em realidade. Vocês foram verdadeiros mentores, ajudando a estruturar e preparar este livro para o mercado. Obrigado por acreditarem neste projeto e por elevarem cada detalhe ao seu potencial máximo.

Sumário

Prefácio 15

Introdução
Não tente controlar o incontrolável 18

Capítulo 1
Por que queremos controlar tudo? 30

Capítulo 2
Houston, temos um problema 46

Capítulo 3
Plante guerra e colha paz 64

Capítulo 4
Passo 1 - Nem sempre temos o controle, mas devemos sempre ter um plano 82

Capítulo 5
Passo 2 - Mergulhe no aleatório 100

Capítulo 6
Passo 3 - Nunca se esqueça de trancar as portas 118

Capítulo 7
Passo 4 - Para um mundo líquido, pessoas *flex* 142

Capítulo 8
Cultive espinhos 164

Capítulo 9
Prepare-se para a eterna batalha final 176

Prefácio

Fico muito feliz quando empreendedores me convidam para compartilhar minhas experiências. Foi o caso do querido Marcelo Flores – um grande nome dos eventos e empresário de sucesso –, que, neste livro, nos traz um necessário choque de realidade.

Vivemos em uma época em que o controle absoluto sobre tudo é visto como pré-requisito para alcançar a plenitude, tanto profissional quanto pessoal. Mas eu trago verdades: não é bem assim.

A ideia de *Incontrolável: a ordem do caos* vai além de um conceito; é uma verdadeira filosofia de vida baseada na trajetória de um dos maiores empresários do entretenimento no Brasil. Com base em suas experiências enfrentando desafios gigantescos na carreira, Marcelo nos apresenta uma visão nova e desconstruída sobre o mundo dos negócios nos megaeventos que bombam pelo país, e levanta uma questão essencial na nossa cultura atual: a obsessão pelo poder de controlar.

Será que realmente precisamos ter controle sobre tudo o tempo todo? Minha jornada empreendedora de trinta anos me diz que não. Aprendi na prática que um cenário caótico pode, muitas vezes, se transformar em vantagem competitiva, impulsionar inovação e engajar times.

Quantos projetos incríveis nasceram na Chilli Beans a partir de ideias aparentemente "malucas", de reuniões que reuniram diferentes áreas e, acima de tudo, da liberdade para que as pessoas opinassem, implementassem e realizassem essas ideias? Autonomia para errar e acertar – é nisso que eu sempre acreditei e é o que pratico lá na pimenta.

Marcelo nos traz mais do que teorias: ele mostra a vida real. Aceitar o inesperado e saber usá-lo a nosso favor faz toda a diferença. Eu vivo isso diariamente nos negócios que toco e falo sobre isso sempre nas muitas palestras e mentorias que faço pelo Brasil.

Ao longo da minha trajetória, percebi que a associação entre controle e sucesso pode ter sido um dos motivos pelos quais fracassei em algumas empreitadas. Afinal, ninguém acerta 100% das vezes.

Quando focamos demais o controle, desperdiçamos tempo e energia que poderiam ser investidos em outras frentes do negócio e da vida. Tempo é a moeda mais valiosa que temos, e ninguém possui energia infinita. Saber dosar esses recursos é um dos segredos que Marcelo compartilha.

Ele também nos mostra o quanto essa obsessão pelo controle nos impede de enxergar o óbvio: jamais seremos capazes de controlar aquilo que, por natureza, é *incontrolável*. A vida acontece além das nossas planilhas, agendas e projetos.

Mais que um guia, este livro é uma conversa, uma troca de ideias, um convite ao autoconhecimento. Marcelo compartilha sua vivência e apresenta metodologias eficientes para lidar com os desafios da vida e do trabalho, especialmente no universo dos grandes eventos. Ler este livro, conhecer os fundamentos que norteiam sua jornada e ver os resultados concretos de sua abordagem me fez entender como seu método é transformador – e certamente será para você também, querido leitor.

O que Marcelo nos apresenta nestas páginas é a prática transformada em teoria, agora compartilhada como um presente.

Eu aprendi que o incontrolável existe – e que pode ser uma força poderosa. Quando lidamos com ele no dia a dia, nos tornamos profissionais mais preparados, pessoas mais fortes e seres humanos melhores a cada desafio superado.

Bora controlar menos e realizar mais?

Boa leitura!

CAITO MAIA
Fundador da Chilli Beans

Introdução

Não tente controlar o incontrolável

Se você já organizou uma festa de aniversário, um churrasco para amigos ou um simples almoço de família, já passou pela experiência de organizar um evento.

Busque em sua memória. Certamente você irá se lembrar de um imprevisto, por mais que tenha planejado tudo para dar certo. O bolo que foi ao chão, a cerveja que faltou e o carvão que não queimou são alguns exemplos da ação do incontrolável, contratempos que podem gerar situações desconfortáveis, mas dificilmente fazem com que o evento deixe de acontecer.

Eu sei. É um estresse imenso. A gente sempre acha que não vai conseguir resolver, que as pessoas vão detestar a experiência e que toda a preparação, todo o planejamento, terá sido em vão. Mas vamos usar um desses exemplos de imprevistos simples para entender a diferença entre tentar controlar o incontrolável e contornar a situação para seguir em frente.

Que tal o mais dramático? Vamos lá! Imagine um evento social; pode ser a festa de aniversário do seu filho ou de alguém muito importante para você. Certamente o bolo será o ponto alto da comemoração: temático, elaborado, saboroso, épico, exposto em local de destaque à espera dos convidados. Tudo corre conforme o planejado até que, a poucas horas do evento, alguém esbarra na mesa e o bolo vai ao chão. Catástrofe.

O que você pode fazer?

1. Controlar o incontrolável: pegar todos os pedaços do bolo e tentar remontar o formato original. A intenção é que ninguém perceba o acidente.
2. Contornar e seguir em frente: correr para o supermercado, comprar ingredientes e desafiar os convidados a fazerem um *cupcake* autoral para compor a mesa do bolo com sabores exclusivos.

Perceber e aplicar a diferença parece fácil quando estamos falando de um bolo, porque está claro que ele não pode ser reconstituído. Mas, na prática, em meio a tantos outros projetos, tendemos a confrontar a adversidade buscando manter o projeto original, mesmo sabendo que é algo improvável ou impossível. O tempo usado para consertar o que não tem conserto é o atalho para transformar um contratempo em algo irremediável.

Eis o ponto de partida: entender o incontrolável, aceitar suas consequências e manter a mente aberta com criatividade para alternativas.

É importante definir seus processos com começo, meio e fim, mas é certo que entre o ponto de partida e o ponto de chegada existe um grande vale repleto de surpresas e adversidades. E nele podemos nos deparar com o incontrolável.

CONSTRUA ESCADAS, NÃO ARMADILHAS

É costume chamar as coisas que só frutificam no Brasil de "jabuticabas". Por meio desse conceito, acredito que o exercício de algumas profissões em nosso país se enquadra na categoria de jabuticaba. A maneira como trabalhamos na área de eventos, em todas as frentes de atuação, é uma vasta plantação de jabuticabeiras.

Guardadas as devidas proporções, em muitos aspectos podemos comparar a rotina de um profissional de eventos com o dia a dia de quem exerce a medicina. Esqueçam esse ponto divisor de que uns ralam para entreter seres humanos e outros correm para salvar vidas e cuidar da saúde das pessoas. O que quero dizer é que, assim como na medicina, o trabalho de quem produz eventos é feito de momentos intensos e urgentes.

Todos os dias corremos contra o tempo e nos deparamos com o incontrolável. Também não temos feriados nem finais de semana para descansar; a qualquer instante há uma nova emergência e precisamos estar sempre atualizados com os novos recursos e tecnologias.

Mas isso quer dizer que a medicina é uma jabuticaba, certo? Não.

Quem faz medicina passa por seis anos de estudos intensos na faculdade, seguidos de residência, especialização e atualizações constantes. Esse profissional não para de se aperfeiçoar e fundamenta seu trabalho em conhecimentos sólidos, constatações científicas e metodologias de formação com foco em tecnologia de ponta.

Do lado de cá, o pessoal de eventos, quando não entra no segmento por acaso, tem que aprender na unha, na raça e no próprio exercício do trabalho. Ainda comparando com os médicos, seria algo como um cirurgião aprender as técnicas enquanto realiza procedimentos reais para salvar vidas, correndo o risco de perdê-las por desconhecimento ou falta de preparo.

Mas aí você que me lê deve estar pensando: *Pô, Marcelo, mas com o médico é uma questão de vida ou morte. Não tem comparação.* Pois é, mas já parou para refletir que nas mãos de produtores de evento está o bem-estar e a segurança de milhares de pessoas de uma só vez?

Com mais de trinta anos de experiência no setor de marketing, eventos e entretenimento, sou fundador e CEO da Businessland, uma agência de experiências e *hub* de negócios voltada ao entretenimento e à produção de megaeventos.[1] Lidero projetos de impacto nacional e internacional e atendo grandes operações que incluem os principais parques e resorts do Brasil.

Ao longo da minha trajetória, já realizei mais de 2,5 mil eventos, reunindo de mil a 2 milhões de pessoas.

---

[1] Businessland é uma agência e *hub* de negócios de entretenimento que conecta pessoas e marcas por meio de experiências memoráveis. Com duas frentes de atuação – Partnership (plataforma de patrocínios e parcerias em parques, atrações e resorts) e Experience (projetos proprietários, megaeventos e live marketing) –, a empresa desenvolve soluções criativas que unem produtos e serviços a iniciativas de turismo, lazer, cultura, esporte e inovação. Para saber mais, acesse www.businessland.com.br.

Entre eles estão a Fifa Fan Fest em Copas do Mundo, o Cidade Iluminada, o Réveillon na Paulista e grandes festivais como Brahma Valley, Festival Promessas e Skol Sensation. Também fui responsável por experiências icônicas como Holiday on Ice, Parque do Terror WB e The Friends Experience.

O reconhecimento no mercado me rendeu mais de vinte prêmios, como o Top de Marketing, Prêmio Caio, Melhores Warner Bros e até o Guinness World Records. Como palestrante, atuei em instituições como USP e FGV, bem como em prefeituras relevantes do país. Também atuo como embaixador na área de negócios de entretenimento na Universidade Full Sail (EUA) e como palestrante nacional e internacional para grandes marcas, inclusive para organizações como a Associação Brasileira de Parques e Atrações (Adibra) e a Associação Internacional de Parques de Diversão e Atrações (IAAPA).

> **Esses projetos transformaram o setor de eventos e entretenimento no Brasil e inspiraram gerações de profissionais e empresários, ao promover uma visão inovadora e uma paixão genuína pela criação de experiências memoráveis.**

Além disso, sou professor na ESPM, faculdade que é referência no Brasil e na América Latina. Leciono em cursos de extensão e pós-graduação, e em breve coordenarei um curso de MBA de marketing de experiência. Trata-se de uma das poucas iniciativas de formação voltadas para a minha área – em vista do que era, considero um avanço, mas está longe de ser suficiente.

Em comparação com os Estados Unidos, nossa distância é de milhões de anos-luz. Em Orlando, na Flórida, faço parte de um grupo de representação de uma megauniversidade 100% voltada para a formação de profissionais para a indústria de entretenimento e economia criativa: roteiristas, designers, músicos, especialistas em efeitos especiais, desenvolvedores de programas para todas as artes visuais, games, cenógrafos, gestores de negócios etc.

Todos os anos, diversos profissionais de ponta chegam ao mercado de trabalho supercapacitados, cientes das mais avançadas tecnologias e prontos para inovar e garantir o desenvolvimento de uma das maiores indústrias do mundo. Isso sem falar no universo de ofertas de cursos e especializações disponíveis para os profissionais ao longo da vida.

A consequência disso é tempo, dinheiro e, principalmente, conhecimento para ousar e recursos para transformar sonhos em experiências reais. Não é à toa que lá eles têm Disney, Pixar, Universal, Broadway, Hollywood e até Las Vegas, com milhares de projetos de entretenimento e bilhões de dólares de investimento, enquanto, por aqui, vamos de passo em passo, aprendendo na base da tentativa e do erro até acertar.

É por essas e outras que, em nosso país, o senso comum diz que para trabalhar em eventos basta se encher de coragem, ter talento para a coisa e fazer acontecer. Essa receita pode até ter funcionado por muito tempo, mas já não serve mais. Planejar seu crescimento, seja lá em que área for, levando em conta apenas os conhecimentos práticos é como construir uma escada com degraus de vidro – a qualquer momento eles podem quebrar e se transformar em uma armadilha.

Voltemos ao início de 2020. Nem bem o mundo e o Brasil haviam tomado ciência da gravidade da pandemia de covid-19, o segmento de eventos esfarelou. Da noite para o dia, toda a experiência acumulada durante décadas de desenvolvimento, toda a tecnologia disponível para a produção de entretenimento... Tudo o que a gente sabia não valia mais para nada.

> **Digo sem medo de errar que fomos um dos primeiros setores atingidos pelo impacto avassalador da pandemia. E, claro, não estávamos preparados. Não tínhamos plano B, tampouco alternativas.**

Na sequência da pancada, perdemos o rumo, empresas e profissionais. Mas foi ali, no olho do furacão, que um movimento instintivo fez do caos uma revolução e mostrou que a flexibilidade programática é a matéria-prima com a qual os profissionais de evento são construídos.

Se, por um lado, fomos os primeiros a despencar no abismo pandêmico, por outro estivemos entre os primeiros a sair dele, ao reinventar nossa atuação e antecipar décadas de evolução no setor. Uma guinada sem precedentes.

Em poucas semanas, transformamos eventos presenciais em formatos digitais que não apenas abriram um canal de geração de renda para profissionais da área, como também funcionaram como escape de conexão social em meio ao isolamento. Isso sem falar na posterior consolidação dos eventos híbridos, chamados de *phygital*, que, até então, não passavam de uma ideia para o futuro. O presencial e o digital em convergência.

Essa reação fulminante atraiu novos olhares para o segmento. Em meus cursos, notei a frequência de um novo perfil de alunos: pessoas que não atuam e não pretendem atuar no mercado de eventos, mas buscam nas técnicas e ferramentas da indústria do entretenimento um exercício para desenvolver a criatividade e a capacidade de ter rápidas respostas diante de situações críticas e sob extrema pressão. "Quero aprender a ter o sangue-frio que vocês têm, professor, pra controlar situações incontroláveis", me disse um aluno.

Controladores do incontrolável. Não imaginava que a nossa profissão fazia de nós detentores de um poder tão paradoxal.

Apesar de fazer sentido, o ponto de vista de meu aluno não estava correto, e aí está a origem deste livro. Trabalhar no mercado de eventos e entretenimento não nos ensina a controlar o incontrolável, mas a aceitá-lo e a respeitá-lo.

"Incontrolável", pela definição do dicionário, significa "que não se pode controlar; que não se controla ou que não se submete a qualquer forma de controle".[2] Na verdade, o grande aprendizado é que não é possível governar o irrefreável. E é disso que vamos falar nestas páginas.

Seja qual for a situação, a profissão ou o cenário, tentar controlar aquilo sobre o que não se tem controle é desperdiçar um tempo valioso, fundamental para reverter o imprevisto. De maneira simples e aplicável à sua rotina, vou compartilhar tudo o que aprendi a respeito disso realizando alguns dos maiores eventos do Brasil. Todos eles envolveram meses de preparo, muito planejamento e a certeza de que, mesmo com todos os cuidados, a qualquer momento as coisas sairiam do controle.

Vamos juntos nessa jornada!

---

[2] INCONTROLÁVEL. **Dicionário Online de Português**. Disponível em: www.dicio.com.br/incontrolavel/. Acesso em: 12 nov. 2024.

Capítulo 1

Por que queremos controlar tudo?

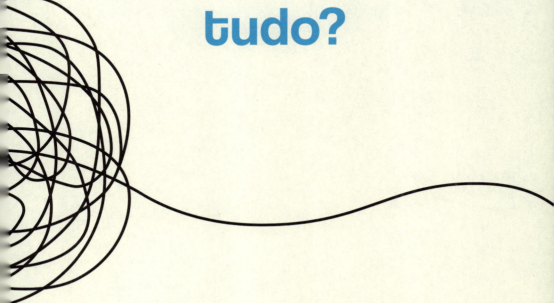

For qué
queremos
controlar
tudo?

A produção de eventos é, como tantas outras, uma área que nos expõe a eventualidades, imprevistos e situações de descontrole. Mas aqui o imprevisto é rotina, e não exceção.

Nossa exposição à imprevisibilidade alcança um leque tão amplo de possibilidades que esbarra no inacreditável. Em cada evento ficamos à mercê de todos os tipos de intempéries com extremo potencial de nos afetar, desde a erupção de um vulcão no outro lado do mundo até uma colisão de automóveis que engastalhou o trânsito na cidade. Tudo pode resultar em caos.

Não adianta estarmos sempre preparados, prevenidos e focados. Claro que ter tudo isso e mais um tanto é fundamental. De todo modo, uma certeza que podemos ter ao produzir um evento é que os imprevistos virão. Não sabemos o que, quando e com qual magnitude, mas eles estarão lá.

O peso gerado por essa tensão é brutal. Não foram poucas as vezes em que vi colegas de trabalho terem um apagão geral no meio de um trabalho. São casos tão intensos de burnout que levaram pessoas direto para a emergência de hospitais, acarretando meses e mais meses de terapia e recuperação.

Eu mesmo já estive a ponto de pifar incontáveis vezes. Até o dia em que parei para fazer um balanço da vida e descobri que a obsessão por ter o controle de tudo, inclusive do que ainda vai acontecer, era a fonte das mais sérias dores profissionais. Entendi também que a dependência de ter o controle é um impulso primitivo. De maneira subconsciente, o ato de controlar continua a ser, para nós, um divisor de águas entre prosperar e desaparecer.

Não foi fácil descobrir e menos ainda aceitar que a necessidade de controle era um problema e não uma virtude. Talvez esse despertar só tenha acontecido devido ao fato de ver, cada vez mais, tantos executivos, empreendedores, produtores e outros profissionais "durões" e "imbatíveis" serem nocauteados pelo burnout.

Fui procurar ajuda terapêutica e descobri que existe um nome para isso: "mania de controle". Trata-se de um termo popular que se refere à necessidade de controlar tudo, incluindo pessoas, objetos e ambientes. Pessoas controladoras podem ter dificuldade em aceitar a imprevisibilidade e os desafios da vida. Ficam ansiosas e irritadas quando algo escapa do planejado. Somado a outros fatores, esse comportamento resulta em números alarmantes. De acordo com Alexandrina Meleiro, médica psiquiatra e porta-voz da Associação Nacional de Medicina do Trabalho

(ANAMT), estima-se que, hoje, 40% das pessoas economicamente ativas sofram de burnout.[3]

Mas eu sei que falar em melhorar a nossa relação com o poder de controlar é muito mais simples do que fazer isso acontecer. Na prática, no calor do momento, estamos tão acostumados a medir o sucesso pela capacidade de exercer o controle sobre todas as situações e imprevistos que acabamos nos esquecendo de que a grande virtude está na nossa capacidade de aceitar, encarar e reagir racionalmente às mudanças.

A necessidade por controle aparece em diversos estudos e teorias de psicologia social.[4] É observado, inclusive, que a tecnologia e seus recursos colaboram para que os seres humanos acreditem ser aptos a exercer o controle absoluto sobre tudo, o que não condiz com a realidade.

A psicologia social trabalha para entender como as pessoas operam em situações particulares e como os outros (reais ou imaginários) influenciam seus pensamentos, sentimentos, ações e resultados. Aspectos como cultura, identidade, interação e socialização são elementos centrais. Entre os principais estudiosos

---

[3] CARVALHO, R. Burnout: o Brasil enfrenta uma epidemia de exaustão no trabalho? **BBC**, 14 ago. 2024. Disponível em: www.bbc.com/portuguese/articles/cnk4p78q03vo. Acesso em: 26 fev. 2025.

[4] RODRIGUES, D.; PEREIRA, C. A. A. A percepção de controle como fonte de bem-estar. **Estudos e Pesquisas em Psicologia**, v. 7, n. 3, p. 541-556, 2007.

está a psicóloga Susan Fiske, que identificou os cinco motivos sociais centrais para a psicologia social:

- pertencimento;
- compreensão;
- controle;
- aprimoramento do eu;
- confiança nos outros.

Nesse sentido, demonstrar controle em situações sociais sugere alguém que tem poder e é eficaz em alcançar seus objetivos. Podemos entender essa vontade quando consideramos que as pessoas detestam se sentir impotentes, incompetentes e inferiores.

Mas essa mentalidade centrada no controle afeta todos os âmbitos de nossa vida. Pense em quantas vezes alguma coisa saiu do controle, a ponto de fazer fracassar algo que estava detalhadamente planejado e organizado. Essas situações vão dos fatos mais complexos aos mais simples, da rotina pessoal à profissional.

Quer um exemplo? Imagine que um casal vai comemorar o aniversário de casamento. Uma data superespecial, digamos que chegaram aos vinte e cinco anos de união. Para celebrar, decidiram que o tema da festa seria inspirado na música que tocava quando se conheceram. Do cardápio aos drinks, da decoração às lembrancinhas... Tudo tem a ver com aquela música, com a trilha sonora que embalou o namoro. Como ponto alto da festa, um artista *cover* do intérprete original foi contratado para um show, exaustivamente anunciado nos convites e nas conversas com os convidados. "Venham preparados para curtir, dançar e se emocionar ao som de 'Xispeteó'".

Chegado o grande dia, poucas horas antes do show, o casal que organizou o evento liga para o artista *cover* para checar se está tudo certo. Caixa postal...

Minutos depois, outra tentativa e... caixa postal. A checagem de rotina se transforma em urgência e, logo, a urgência vira desespero.

Os convidados começam a ficar inquietos. A expectativa aumenta a cada segundo. E o *cover*, nada...

Nessa hora, os donos da festa sentem que estão perdendo o controle da situação. A festa tão almejada oscila entre o sucesso planejado e a decepção total. O sonho de eternizar os vinte e cinco anos de união em lindas lembranças começa a se transformar no pesadelo de um fiasco monumental.

Na ânsia de retomar o controle, os donos da festa dão uma desculpa e saem desesperados pela cidade procurando o artista a esmo. Vão até a casa dele e nada. Patrulham os bares onde ele costuma se apresentar. Nada do músico. Mapeiam as ruas dos bairros e passam um pente-fino para tentar localizá-lo, mas em vão. Começam a buscar câmeras de monitoramento instaladas pelos trajetos possíveis em busca de uma pista. Batem de prédio em prédio pedindo para olhar as imagens das câmeras. Ligam para seus advogados para buscar orientações, registram um B.O., sem sucesso. Mas eles não desistem e voltam para o ponto inicial. Recomeçam a jornada.

Até que, sabe-se lá quantas horas depois, voltam para casa exaustos e derrotados, para anunciar aos convidados que o tão propagado show não vai acontecer. A festa, planejada ao redor do show, perdeu totalmente o sentido: cardápio, drinks, lembrancinhas e todos os outros detalhes temáticos passaram a significar nada. E, quando achavam que nada poderia ser pior do que esse cenário de fracasso, encontram o local da festa vazio. Os convidados, frustrados e cansados de esperar, foram embora, arrependidos do tempo perdido.

Tá, eu sei. O exemplo é exagerado. Fiz de propósito para expor por completo os padrões comportamentais. Na ânsia de ter o controle e cumprir o planejado, nossos anfitriões imaginários acabaram destruindo de vez aquele momento tão importante.

E, se você está se questionando sobre o que eles poderiam ter feito diante do descontrole, posso oferecer duas alternativas factíveis, considerando a premissa de que o sumiço do *cover* é uma situação incontrolável e que não seria o fim do mundo dividir esse fato com os convidados.

- **Solução 1**: reunir os convidados e dizer que o *cover* sumiu, mas que o show tem que continuar, e, assim, chamar todo mundo para um show improvisado usando algum dos milhares de softwares de karaokê existentes na internet.

- **Solução 2:** correr para o guarda-roupa, montar um *look* ao estilo do intérprete original e dar um show de dublagem para divertir todo mundo.

Em resumo, com o tempo gasto para tentar controlar o incontrolável, muitas outras ideias criativas teriam surgido para garantir uma festa memorável.

A ORIGEM DO CONTROLE

Assim como eu, se você já viveu momentos em que tudo saiu completamente do eixo, provavelmente sentiu o peso da autocobrança. E, mesmo tentando manter as aparências para parecer que tudo estava sob controle, o verdadeiro desafio foi aceitar que as coisas haviam mudado.

A cultura moderna de sucesso costuma associar controle absoluto à competência e excelência. Esse fenômeno tem um nome técnico esquisito: é o lócus de controle, conceito introduzido em 1966 pelo psicólogo norte-americano Julian Rotter no artigo "Psychological Monographs". O termo se refere à percepção que uma pessoa tem sobre as causas dos eventos que ocorrem em sua vida.[5]

---

[5] PUERTO, M. C. O que é o lócus de controle em psicologia? **A mente é maravilhosa**. Disponível em: https://amenteemaravilhosa.com.br/locus-de-controle-psicologia/. Acesso em: 9 dez. 2024. *Locus* (ou lócus) é a uma palavra do latim que significa "lugar", "posição". É um termo muito utilizado na psicologia, na sociologia, na filosofia e em outras áreas do conhecimento. (N.E.)

No entanto, essa busca incessante pode se tornar uma armadilha, pois a imprevisibilidade é parte inevitável do cotidiano. Quando nos apegamos a essa mentalidade, ficamos mais vulneráveis ao que não podemos controlar. Em vez de nos fortalecer, o desejo de controle frequentemente nos paralisa diante das adversidades, gerando estresse e uma constante sensação de ansiedade. O medo de falhar e a frustração afetam não apenas nosso desempenho mas também nossa saúde emocional e mental. Esse temor se espalha para todas as áreas da nossa vida.

O controle é um conceito que se estabeleceu pela necessidade básica de sobreviver, mas agora está incutido nas profundezas do subconsciente humano, como uma linha divisória entre o sucesso e o fracasso. Encarar que não podemos controlar alguma coisa é similar a aceitar que, como indivíduos, não estamos aptos para evoluir. Por isso, ouso imaginar que esse poder de controlar as coisas, tão valioso para as conquistas e o desenvolvimento da humanidade, é também um dos maiores obstáculos à fluidez da vida moderna.

Simplesmente não aceitamos que existem coisas que não podemos controlar, e esse inconformismo nos faz investir tempo, recursos, energia e, muitas vezes, a essência vital em batalhas inúteis e inglórias para vencer o invencível. Por mais que o exercício do controle seja uma capacidade impressionante que a inteligência nos deu, não aceitar que o incontrolável existe é sempre um tiro no pé.

Para entender a dimensão dessa escalada de controle, basta imaginar que, poucos séculos atrás, um brasileiro que desejasse fazer uma compra na China tinha, necessariamente, que empreender uma aventura intercontinental com frotas de navios em uma viagem quase às cegas, com a certeza de que enfrentaria tempestades, piratas, doenças e tantos outros obstáculos em uma jornada que atravessava anos e infinitas incertezas.

Pois é. Hoje, se a gente quiser comprar uma camiseta na China, bastam alguns cliques e poucas semanas de espera para recebê-la no conforto de nossas casas. No máximo será necessário ir até o portão para pegar a encomenda.

A soberania humana sobre o planeta Terra foi construída ao longo dos milhares de anos. Quando paramos para pensar sobre isso, é fácil concluir que foi o exercício do controle sobre a natureza que nos trouxe até aqui – e continuará nos levando em frente. A capacidade de controlar é resultado da centelha biológica que nos muniu com inteligência e, portanto, nos tornou capazes de desafiar os instintos mais primitivos para controlar fatores que atravancavam o fluxo da nossa evolução.

Aprendemos a controlar o acesso aos alimentos quando deixamos apenas de caçar e passamos a plantar e cultivar a terra para ampliar nossas possibilidades alimentares. Atualmente, existem várias controvérsias sobre o significado da agricultura para o desenvolvimento da humanidade, mas não dá para negar que ela foi um ato primordial de controle sobre o meio.

A relação da produção de alimentos e a transformação do homem de nômade coletor em agricultor fixo possibilitou a estruturação das primeiras instituições sociais, da consciência de classe, da divisão social do trabalho, das trocas comerciais e o reconhecimento da família e da própria sociedade.[6]

Isso nos fez estabelecer territórios, reduziu a exposição aos perigos das caçadas e andanças e permitiu o desenvolvimento de hábitos mais saudáveis, como cozinhar os alimentos e cultivá-los em escala. Esse controle nutricional nos deixou mais fortes, mais seguros e, claro, mais inteligentes, aptos para exercer atividades complexas e sofisticadas, como chegar ao ponto de controlar abismos geográficos e temporais que pareciam intransponíveis.

Para entender melhor, vamos fazer uma viagem com a imaginação lá nos tempos ancestrais e divagar sobre um dos motivos que nos fez sair das cavernas e construir habitações. Afinal, por que trocar as cavernas por habitações construídas? Em suma, saímos de buracos protegidos por toneladas de pedra para morar em estruturas frágeis, vulneráveis e expostas a ataques de predadores.

A transição de cavernas para construções humanas foi motivada por diversos fatores, incluindo a necessi-

---

[6] TENÓRIO, V. Do neolítico a atualidade: a importância da agricultura para o homem. **O Presente Rural**. Disponível em: https://opresenterural.com.br/do-neolitico-a-atualidade-a-importancia-da-agricultura-para-o-homem/. Acesso em: 9 dez. 2024.

dade de ter maior mobilidade, adaptar-se a diferentes ambientes e desenvolver comunidades mais complexas. Embora as cavernas oferecessem proteção natural, elas apresentavam limitações, como disponibilidade geográfica restrita e condições internas que poderiam afetar a saúde dos habitantes. A construção de abrigos permitiu aos humanos superar essas limitações, proporcionando maior flexibilidade e conforto.

Claro que existem vários fatores para explicar essa mudança. O livro *The First North Americans*, do arqueólogo Brian Fagan, é um exemplo de estudo que analisa a utilização de cavernas como abrigos humanos, destacando as vantagens e desvantagens desses ambientes naturais.[7] A meu ver, um aspecto aqui deve ser ressaltado: a instabilidade estrutural de uma caverna diante de um evento sísmico de grandes proporções. Nossos parentes lá de antigamente não tinham qualquer chance de sobreviver ao desmoronamento de uma montanha. Como os grupos viviam no mesmo lugar, a devastação era total.

> **Pois é, controlar o cultivo de sementes e os ciclos de vida das plantas para produzir alimentos é uma coisa, mas tentar deter terremotos para manter as cavernas seguras... Aí complica.**

---

[7] FAGAN, B. **The First North Americans**: An Archaeological Journey (Ancient Peoples and Places). Londres: Thames & Hudson, 2011.

Diante da incapacidade de controlar os sismos, inventamos um jeito de aumentar as chances de sobreviver a um desmoronamento: passamos a morar em habitações feitas com materiais leves. Esse é um exemplo de solução que cortou o caminho do incontrolável, ao invés de bater de frente com ele.

Agora imaginemos que, em vez de buscar alternativas e soluções, nossos antepassados tivessem encasquetado em controlar terremotos. Poderíamos estar no mesmo lugar até hoje, travando uma eterna batalha perdida com o incontrolável. Ou, o que é provável, nem aqui estaríamos.

Com toda tecnologia, ciência, avanços e recursos que temos hoje, do auge da nossa caminhada evolutiva e distantes milhões de anos do tempo das cavernas, os terremotos continuam sendo incontroláveis, assim como uma infinidade de outros fatores, situações e acontecimentos que cruzam nosso caminho todos os dias.

Uma possível diferença em vantagem dos ancestrais é que, talvez, naquela época a busca específica pelo controle não estava sedimentada em camadas emocionais e comportamentais tão profundas.

Sabemos que o poder do ser humano é imenso e que isso nos colocou em um lugar de soberania diante dos desafios do planeta, mas não podemos esquecer ou ignorar que esse poder não é ilimitado, e jamais será supremo. O incontrolável está acima das nossas capacidades e vontades, e nem precisa ter a magnitude de um vulcão ou de um terremoto para nos vencer em uma batalha.

A obsessão pelo controle e a ilusão de que a única solução para evitar um fracasso passa por colocar rédeas no incontrolável são as iscas de uma armadilha na qual é muito fácil cair. Aliás, somos moldados desde a infância para cair na armadilha do controle. Então pare de associar o sucesso ao controle absoluto!

Na verdade, a ação do incontrolável é bem aleatória e está muito presente no dia a dia de todos. Pode vir a reboque nas situações simples, como, por exemplo, a falta de eletricidade, uma pane na internet, uma chuva que contrariou a previsão de sol, um desencontro, um plano que deu errado. E por aí vai.

O importante é saber como não concentrar as energias em dominar o incontrolável. Esse é um erro que cometemos todos os dias. O melhor é focar para seguir em frente, apesar dos eventos adversos.

Como fazer isso? Aprender a lidar com esse fato exige tempo e esforço, mas tudo começa em aceitar que o incontrolável existe.

Nós nunca conseguiremos mudar isso. Mas compreender essa realidade pode nos transformar.

Capítulo 2

Houston, temos um problema

De todas as conquistas da humanidade, mesmo com os magníficos avanços da medicina e a vertiginosa sofisticação tecnológica depois da segunda metade do século XX, ainda não consigo imaginar nada mais simbólico do que nossas primeiras jornadas espaciais. Romper as fronteiras do planeta, pisar na Lua... Mais do que um feito científico e tecnológico, essas conquistas representam a realização de uma utopia.

Por mais que o tempo passe e as coisas evoluam, viajar pelo espaço em um tempo em que a tecnologia da era contemporânea dava os primeiros passos continua sendo uma história fascinante. Por mais que eu leia ou tente imaginar teorias de como foi o planejamento desses eventos, tenho certeza de que ainda estou longe da dimensão da realidade.

Você já parou para pensar no tanto de detalhes e imprevisibilidades que precisaram ser consideradas quando, há quase sessenta anos, pessoas desembarcaram de uma cápsula para pisar no solo lunar?

Reduzir riscos em um cenário desses é um desafio imensurável. Coisa de gênio.

Imagine só o tamanho da responsabilidade de colocar vidas humanas em uma nave lançada ao espaço, aos olhos de toda a população mundial!

Ainda assim, em 1970, no voo tripulado da Apollo 13, rumo ao terceiro pouso humano na lua, um estouro foi notado pelos tripulantes e um deles foi checar o ocorrido. O tanque de oxigênio havia se rompido durante um procedimento padrão, mandando o estoque de ar, literalmente, para o espaço. O motivo: um curto-circuito em um pequeno fio danificado.

Além da sobrevivência da tripulação, o oxigênio era fundamental para gerir a energia necessária para garantir o retorno à Terra. Para poupar energia, os três tripulantes tiveram que desligar todos os equipamentos, e, para seguir respirando, foi necessário buscar refúgio na cápsula lunar, que seria usada exclusivamente para acessar a Lua e contava com estoque próprio de oxigênio.

Longe de ser uma solução ideal, a cápsula foi uma saída emergencial e provisória. Além de ter uma quantidade reduzida de oxigênio, o dispositivo havia sido projetado para comportar apenas duas pessoas. Os tripulantes tiveram que improvisar para conseguirem se manter com os limitados recursos de ar, energia e água potável, além da baixíssima temperatura dentro da cápsula.

Com o apoio dos controladores de voo e em uma corrida alucinada pela vida, os astronautas conseguiram aplicar soluções emergenciais: adaptaram o sistema de remoção de dióxido de carbono da nave para que funcionasse na cápsula e calcularam que cada tripulante poderia consumir apenas 200 mililitros de água por dia, o suficiente para otimizar o estoque e não morrer de sede.

> **Diante da situação caótica, precisaram encontrar equilíbrio mental para desenhar alternativas e ir contornando o problema.**

A saída foi uma sequência cinematográfica. Depois de quatro dias refugiados na cápsula lunar e com os recursos vitais se esgotando de modo irremediável, decidiram liberar a cápsula da nave, lançando-se com ela ao espaço. O objetivo era aproveitar o fluxo de gravidade da Lua para criar um sistema propulsor natural, capaz de arremessar a cápsula de volta para a Terra.

Para encontrar o ponto de impulso, a cápsula precisou dar uma volta completa ao redor da lua, sem qualquer possibilidade de controle efetivo da tripulação.

Enquanto eram literalmente arremessados em direção à Terra, os astronautas tiveram que calcular e ajustar o ângulo da cápsula em 2 graus. Caso contrário, seriam ricocheteados no espaço ou queimariam na entrada da nossa atmosfera.

Tenso, né? Felizmente, tudo deu certo. A cápsula caiu no oceano Pacífico e a tripulação foi resgatada com sucesso. Análises posteriores do acidente resultaram em evoluções na segurança e tecnologia dos voos espaciais.[8]

O ponto é que é impossível negativar o potencial do incontrolável, inclusive considerando consequências irremediáveis. Em 1986, o mundo assistiu atônito, ao vivo e em cores, a tragédia do ônibus espacial Challenger, que explodiu poucos segundos após o lançamento no Cabo Canaveral. O desfecho foi fatal para os tripulantes, entre eles uma professora "civil" selecionada em um programa que pretendia estimular estudantes a seguir carreiras científicas.[9]

Já em 2003, com uma tecnologia muito mais avançada do que nas décadas anteriores, a tragédia do ônibus espacial Columbia, que também explodiu após o lançamento, fez o programa espacial dos Estados Unidos fechar para balanço e reavaliar todos os critérios, sistemas e procedimentos de segurança, retomando as expedições apenas em 2005.

Essas histórias são muito simbólicas para mim, e procuro me lembrar delas em momentos de grande insegurança ou de extrema confiança.

---

[8] Para quem quiser conhecer mais detalhes dessa aventura espacial, recomendo o livro *Lost Moon: The Perilous Voyage of Apollo 13* [Lua perdida: a perigosa viagem da Apollo 13], de Jim Lovell e Jeffrey Kluger. Uma obra excelente, mas que ainda não foi traduzida para o português.

[9] Uma ótima fonte de informação sobre a tragédia da Challenger é o e-book *Morte no espaço: anatomia e ícones dos desastres dos ônibus espaciais Challenger e Columbia*, do físico e professor Marcos Cesar Danhoni Neves.

Tenho cá minhas teorias de que os acidentes do Challenger e, principalmente, do Columbia podem ter sido influenciados de alguma maneira pelo excesso de confiança na tecnologia. Li em alguns lugares que a tragédia de 1986 (Challenger) poderia ter sido evitada se as anomalias do sistema de propulsão tivessem sido percebidas logo no acionamento do foguete.[10] Isso não aconteceu por causa das imagens das câmeras, que tinham nitidez limitada para detectar tais detalhes.

Mas apenas o fato de as câmeras, consideradas muitíssimo avançadas na época, estarem lá fez os especialistas acreditarem não ser mais necessário usar o antigo recurso de "ver com os próprios olhos" para constatar que tudo estava realmente nos conformes.

Com relação ao Challenger, já nos anos 2000, encontrei teorias sobre um ruído incomum no momento do acionamento, identificado nos registros após o acidente e que, na hora, passou despercebido pelos tripulantes e pela equipe de controle.

O motivo desse descuido seria um excesso de confiança nos equipamentos, a ponto de fazer que os especialistas e a tripulação tivessem negligenciado a sensibilidade e a atenção para detectar o sinal de problema.

---

[10] UNITED STATES. Relatório da Comissão Presidencial sobre o Acidente da Challenger (1986). Presidential Commission on the Space Shuttle Challenger Accident. Report of the Presidential Commission on the Space Shuttle Challenger Accident. 1986. Disponível em: https://history.nasa.gov/rogersrep/genindex.htm. Acesso em: 18 fev. 2025.

Eles provavelmente confiavam que qualquer anomalia seria apontada pelos equipamentos supermodernos.

São conjecturas, mas, conceitualmente, fazem muito sentido para essa nossa análise. A impressão que tenho é de que, até por falta de recursos tecnológicos, a tripulação da Apollo 13 estava mais atenta aos detalhes e havia uma relação mais orgânica entre pessoas e máquinas.

No caso da Apollo, contornar o incontrolável foi possível pelo simples fato de um dos tripulantes ter dado atenção a um ruído diferente e decidido ir checar se alguma coisa havia acontecido. Foi uma reação mecânica que fez toda a diferença. Ela resultou na famosa frase que levantou o problema a tempo para buscar saídas: "Houston, temos um problema".[11]

Está certo que nos outros dois acidentes temos a desvantagem de as explosões acontecerem sem dar chance para qualquer ponderação. Mas acredito que a atenção à interpretação de pequenos sinais poderia ter feito a diferença entre sobreviver e sucumbir diante do incontrolável.

> **Costumo trazer a magnitude dessa odisseia espacial para as análises que faço do meu trabalho e demais assuntos da vida.**

[11] MACHADO, B. De onde veio a frase "Houston, temos um problema"? **Superinteressante**, 31 jul. 2015 [22 fev. 2024]. Disponível em: https://super.abril.com.br/mundo-estranho/de-onde-veio-a-frase-houston-temos-um-problema. Acesso em: 13 nov. 2024.

A primeira lição é que planejar, estudar, conhecer e se preparar nunca será suficiente para evitar o incontrolável. Por outro lado, quando você planeja, estuda, conhece e se prepara, as chances de conseguir sobreviver ao caos são muito maiores.

A segunda lição é não desprezar os sinais enviados pela parte reptiliana do nosso cérebro, aquela responsável pelos instintos básicos de sobrevivência. Quando esse "alarme" toca, temos que dar atenção, em vez de achar que a tecnologia e os planos vão resolver tudo o tempo todo.

Pensemos bem: se a tecnologia que temos hoje é fruto de um processo que traz a carga de milênios de aprendizado, a área mais primitiva do nosso cérebro vem com uma bagagem de milhões de anos de instintos desenvolvidos e aprimorados em um sistema muito mais sofisticado do que qualquer tecnologia.

Aceitar rapidamente que "temos um problema", apesar de todo planejamento e recursos dos quais nos munimos, é a melhor arma para sobreviver ao caos, assim na Terra como no espaço.

A PESSOA QUE CONHECI CEM ANOS ATRÁS

No final de 2018, fiz uma pesquisa extensa na Hemeroteca Digital Brasileira. Na época, estava buscando informações e imagens que retratassem o comportamento e o estilo de vida dos paulistanos no início do século XX, mais especificamente entre os anos de 1919 e 1930.

Essa jornada, que, inicialmente, tinha apenas o objetivo de embasar o planejamento e a criação de um evento inspirado na efervescência cultural e urbana dos anos 1920, acabou se tornando uma experiência mágica.

Uma coisa é lermos livros de história e exercitar a imaginação tentando tangibilizar como era viver em outras épocas. Outra é abrir um jornal ou uma revista antiga e mergulhar em fatos históricos contados com a naturalidade cotidiana, como se as notícias estivessem rolando agora. As pessoas, a propaganda, as imagens, os costumes, a moda, as transformações de comportamento e linguagem, tudo acontecendo bem na frente dos nossos olhos. É como viajar no tempo. É impressionante conhecer os rostos e as histórias rotineiras de celebridades centenárias que, para nós, são apenas nomes de rua.

Em uma dessas viagens temporais, encontrei uma revista quinzenal que circulou na capital paulista entre os anos 1914 e 1975. Naquela edição específica, havia uma grande matéria sobre a pandemia da "gripe espanhola",[12] que estava em seu auge entre 1918 e 1919.

---

[12] A denominação "gripe espanhola" surgiu porque, durante a Primeira Guerra Mundial, a Espanha tinha certa liberdade editorial, permitindo que os casos da doença fossem registrados e divulgados na imprensa. Assim, quando surgiam casos em outros países, a doença respiratória causada pelo vírus Influenza A (H1N1) passou a ser chamada dessa forma. O primeiro caso dessa gripe, que matou milhões de pessoas, teria surgido no Texas, Estados Unidos, embora outras fontes indiquem que foi no Kansas, também nos EUA. Ver o verbete Gripe Espanhola no site do CPDOC, da Fundação Getulio Vargas. Disponível em: https://cpdoc.fgv.br/sites/default/files/verbetes/primeira-republica/GRIPE%20ESPANHOLA.pdf. Acesso em: 14 dez. 2024. (N.E.)

Eu já havia estudado, lido e ouvido relatos sobre a tal pandemia. Mas me deparar com notícias "quentinhas" sobre o que o Brasil e o mundo estavam enfrentando foi assombroso. Em cada página, havia fotos de hospitais improvisados e pessoas usando máscaras nas ruas, famílias relatando mortes de parentes jovens, avisos de festas canceladas, farmácias que anunciavam uma infinidade de fortificantes e máscaras feitas com "tecido cirúrgico", restrições de locomoção entre cidades e até entre bairros, inúmeras entrevistas com sanitaristas dando conselhos à população e muito mais.

No que diz respeito aos desdobramentos emocionais da pandemia da "gripe espanhola", um dos pontos que mais me marcou foi a declaração de uma senhora, que lamentava não poder reunir a família e os amigos como tradicionalmente fazia para a ceia de Natal em sua casa na Mooca. Na entrevista, ela dizia que, em meio a tantas perdas, abrir mão de uma ocasião de convívio era como abdicar do que poderia ser, talvez, a última oportunidade de estar com os seus. Aquilo era um dilema existencial para ela, e notava-se que o distanciamento social agravava a sensação de fragilidade e a falta de esperança de voltar a desfrutar da normalidade.

Fiquei abismado ao entender a verdadeira dimensão da crise por meio daquelas notícias. Ao desembarcar desse choque de realidade histórica, só conseguia agradecer aos céus pelo salto no tempo e por vivermos em uma época na qual estamos protegidos pelos avanços da ciência, da medicina e da infraestrutura urbana. Tudo aquilo que vi na revista me pareceu de uma precariedade inimaginável nos dias de hoje.

Bom, acho que você já sabe aonde essa conversa vai chegar, não é?

Pouco tempo depois, no começo de 2020, quando passei a prestar mais atenção às primeiras notícias sobre a covid-19, fiquei bem tranquilo. Sentia que estávamos seguros. Para cada pessoa que chegava a mim com pânico nos olhos, logo contava sobre a matéria publicada há cerca de um século e dizia que esse tipo de preocupação era coisa do passado. Uma desolação que só fazia sentido lá atrás, quando o mundo não tinha recursos científicos e tecnológicos.

Ainda nas primeiras semanas de isolamento, imaginava que em uns quinze dias tudo voltaria à normalidade, que em alguns meses teríamos uma vacina – afinal, com tantos avanços na medicina, certamente o tempo necessário para desenvolver um imunizante seria surpreendentemente curto.

> **Em suma, acreditava mesmo que tudo seria controlado. Eu me negava a acreditar que ficaríamos à deriva, tal qual as pessoas que vi nas páginas da revista centenária.**

Com o passar do tempo, minha certeza e meu otimismo foram esfacelados diante de um futuro sombrio, ainda mais por atuar no segmento de eventos, que foi um dos primeiros e mais impactados pelo isolamento.

Depois da paralisia inicial e de aceitar que o que era incontrolável em 1918 continuava incontrolável mais de um século depois, encontrei o equilíbrio para me juntar aos colegas em busca de saídas emergenciais. Primeiro para ajudar a cadeia de profissionais de eventos, que, de uma hora para outra, ficou sem a possibilidade de obter rendimentos, e depois para buscar alternativas para manter nossos negócios vivos e nosso futuro possível. Precisávamos resistir até aquilo passar.

Nos reinventamos ao tornar tendências digitais que estavam previstas para acontecer em décadas uma realidade aqui e agora. Novos conhecimentos, recursos e tecnologias foram incorporados ao nosso dia a dia, assim como aconteceu com outras profissões. Rompemos paradigmas, passamos por cima de dogmas e preconceitos e nos abrimos a coisas que nem sequer aceitávamos, como admitir que o trabalho remoto era viável e produtivo.

Clientes que faziam questão de reuniões presenciais (que muitas vezes custavam horas de deslocamento no trânsito engarrafado), hoje são fãs do Zoom, por exemplo.

Fiquei pensando nos empurrões que a gripe espanhola deu na humanidade no início do século passado. Coisas de que talvez a gente nunca se dê conta, da mesma maneira que as gerações futuras podem nem ter ideia do quanto a covid-19 chacoalhou e reorganizou nossa estrutura social, profissional e comportamental.

Pode ser que um dia historiadores tenham a distância emocional para fazer um balanço sobre esse período. Mas sigo acreditando que nós, que habitamos o planeta neste momento, testemunhamos uma das páginas mais tristes da jornada humana, com tantas dores e tristezas causadas pelas vidas perdidas e pelos imensos danos emocionais e materiais.

Eu me senti incrivelmente igual àquelas pessoas da revista e me lembrei da senhora da Mooca, que lamentava a impossibilidade de estar com os seus para confortar e ser confortada no Natal. Coincidentemente, estávamos caminhando para o final de 2020, e imaginei o tanto de pessoas que estavam sentindo o mesmo que aquela senhora sentiu pouco mais de cem anos atrás.

O Natal sempre foi uma data emblemática na minha vida profissional. Durante anos, a empresa de que fui sócio foi responsável pela decoração e pelas atrações do Natal na Avenida Paulista. Por isso, posso afirmar que poucos acontecimentos têm um poder tão grande de encantar, envolver e renovar a esperança das pessoas como os grandes eventos natalinos. As luzes, as músicas, o ambiente, os símbolos tão cativantes, tudo isso junto é capaz de despertar o melhor que há em nós. E esse fato está acima das diferenças religiosas. Acho que é o que chamamos de espírito natalino, a tradução do espírito da fraternidade universal.

Naquela hora, em 2020, me dei conta de que, em meio a tantas incertezas, sofrimentos e solidão, as pessoas também perderiam a oportunidade de viver o encantamento do Natal.

Mal esses pensamentos se consolidaram em minha cabeça, reuni a equipe da empresa e propus a eles um desafio. A ideia era criar um concurso de Natal para estimular as pessoas a decorarem as fachadas de casas e comércios. Dessa maneira, além de preservar o espírito natalino, os participantes iriam espalhá-lo em seus bairros, transformando suas decorações em um evento sem aglomerações.

Todos toparam o desafio, mesmo faltando poucas semanas para o final de outubro. Para viabilizar o concurso e engajar as pessoas, tínhamos que lançar a ação que chamamos de "Cidade Iluminada – SP" até, no máximo, dia 15 de novembro.

Em uma maratona de reuniões remotas, montamos todo o projeto com mecânica de participação, plano de execução e plano de comunicação. Precisávamos de uma parceria de peso para encontrar um patrocinador e garantir espaço relevante na mídia de massa. Procuramos a Globo São Paulo, e a emissora embarcou com a gente no desafio. Além de disponibilizar o concurso como pauta do jornalismo, também se encarregou de produzir e veicular o comercial de divulgação e buscar patrocinadores entre seus anunciantes.

Uma semana antes do nosso prazo final para viabilizar o projeto, tivemos a resposta positiva de um patrocinador. Restava, portanto, uma semana para produzir site, filme, conteúdo para redes sociais e releases. Sete dias para colocar tudo no ar.

Quem trabalha com eventos e comunicação sabe que isso é o que chamamos de missão impossível. Para ser honesto, nem me lembro de todos os detalhes de como resolvemos os pepinos de produção. Só sei que deu certo. Na segunda quinzena de novembro, o concurso entrou no ar, e em uma semana de divulgação começamos a receber as inscrições com fotos das decorações.

Ficamos surpresos com o nível de elaboração das decorações. Ainda que remotamente, famílias se reuniram para criar e conceituar seus enfeites, e as decorações foram muito além da colocação de luzinhas piscantes nas fachadas. Elas tinham planejamento, criatividade, contavam histórias. Era nítido que as pessoas estavam fazendo aquilo por elas e também para compartilhar encantamento com a vizinhança, com o bairro, com a cidade.

No final, reunimos os vencedores em um evento virtual e ouvimos seus relatos. O prêmio foi um troféu; não havia recompensa financeira envolvida. Isso tornou o resultado ainda mais significativo, pois as pessoas queriam, essencialmente, ter e compartilhar esperança.

Foi um dos trabalhos mais emocionantes e gratificantes da minha vida. Talvez uma maneira simbólica de dizer à senhora da Mooca que finalmente pude entender seus sentimentos; descer o pedestal do tempo e admitir que nunca seremos maiores que o incontrolável. Encontrar humildade para essa aceitação é transformador.

Mas, enquanto tivermos a capacidade de buscar saídas e compartilhar esperança, seremos vitoriosos.

O impacto não está em ter todas as respostas ou em prever cada detalhe – está em como você lida com o inesperado. E a verdadeira transformação acontecerá quando você aceitar que o caos faz parte do processo – às vezes, é exatamente nele que encontramos o que estamos procurando.

Capítulo 3

Plante guerra e colha paz

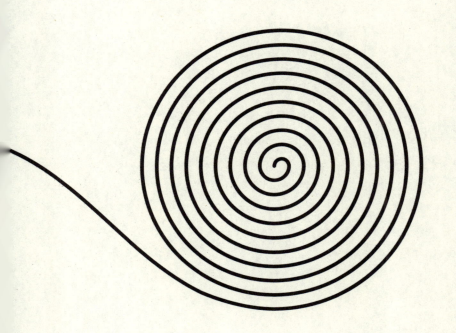

Certa vez, li em um livro sobre exercícios de criatividade uma história que sempre vem à minha mente. O engraçado é que não lembro o nome do livro, mas da história não me esqueço.

É sobre um homem que nunca havia ido trabalhar sem se barbear. Fizesse chuva ou sol, ele acordava bem mais cedo para se dedicar ao ritual de escanhoar o rosto com esmero e manter a pele milimetricamente lisa. Nunca atrasou, era o primeiro a chegar na empresa e o último a sair. Não fazia corpo mole para nada, não gastava o tempo no cafezinho. Cumpria suas funções antes do prazo e com o tempo que sobrava ainda ajudava os colegas. Com quase vinte anos de trabalho, ganhou a alcunha de "senhor 100%".

Em um desses dias rotineiros, notou ao acordar que o filho de poucos meses chorava no berço, engasgado com alguma coisa. Chamou a mulher e correram para o pronto-socorro. Lá constatou-se que o bebê havia engasgado com um pedaço de algodão, que foi retirado. Ficou tudo bem.

Com isso, porém, o homem estava quase atrasado para ir trabalhar. A mulher foi para a casa com a criança e ele, de táxi, foi direto para a empresa. Entrou correndo e conseguiu ser o primeiro a entrar na sala da reunião, que atrasou pelo menos meia hora, até que viessem todos os retardatários.

Antes mesmo da saudação matinal, cada um que ia entrando dizia a ele: "Cara, o que tá acontecendo?", "Cara, a gente não tá te conhecendo mais...", "E essa barba? Por que tá andando tão esculachado?". Moral da história: você pode passar décadas se barbeando. Se um dia não se barbear, vão chamar você de vagabundo.

> **Quando aplicamos essa ideia ao nosso dia a dia, percebemos o quão difícil é construir uma reputação. Exige esforço constante e disciplina. São necessários anos e toneladas de acertos para alcançar o céu da reputação, mas basta um tropeço para, em questão de segundos, cair das nuvens. Nesses casos, a volta é sempre mais difícil, quando não impossível.**

Há algum tempo fiz uma pesquisa com um grupo de alunos das mais variadas idades e profissões e, claro, muitos já atuantes na área de entretenimento. Queria saber qual o maior receio que eles tinham, ou teriam, na hora de produzir um evento. O resumo da maioria das respostas: o maior medo era cometer erros em momentos estratégicos e não conseguir retomar as rédeas da situação.

Realmente, isso é um pesadelo na vida de quem produz eventos. Afinal, estamos falando de um trabalho que envolve patrocinadores, inúmeros fornecedores e, principalmente, um monte de gente na frente de um palco, transbordando de expectativa. Erros cruciais em uma operação de evento vão além do prejuízo financeiro: colocam em xeque um grande ativo, que é a reputação.

Quando um espetáculo, um show ou qualquer evento é um sucesso, saímos de lá satisfeitos, mas nem por isso pensamos: *Nooooossa, somos produtores incríveis.* Na verdade, o maior elogio ao nosso trabalho é quando o público nem percebe a nossa presença. No entanto, meus amigos e minhas amigas, basta acontecer um problema para ficarmos no meio de uma cena de guerra, levando bombas de todos os lados.

O que fazer, então? Seguir em uma construção cega e obstinada pela reputação perfeita, ignorando a fragilidade do terreno em que pisamos? Ou será que é melhor mudar o jogo e fazer parte da turma que só enrola, nunca se compromete, não vai para a linha de frente e, portanto, não consegue construir uma grande reputação, mas jamais vai decepcionar e destruir as expectativas dos outros – que, afinal, nem existem?

Sucesso é um resultado positivo que pode ser alcançado após um esforço ou uma tentativa, seja ele pessoal, acadêmico ou profissional. Porém, nada indica que tais esforços ou tentativas envolvam ter controle sobre tudo em todas as etapas, muito pelo contrário. Estar em linha com o sucesso é desenvolver a capacidade de chegar ao resultado desejado, mesmo quando a rota muda e o caminho fica mais longo e pedregoso.

Ora, se ser um bom piloto significasse apenas seguir o GPS sem nunca desviar, então qualquer pessoa conseguiria atravessar uma tempestade sem se perder. Mas sabemos que não é bem assim. A verdadeira habilidade está em ler os sinais, ajustar o curso e, quando necessário, mudar a direção. Isso não é "perder o controle" mas aceitar que o controle é dinâmico e depende da habilidade de adaptação.

Nesses tantos anos de trabalho com eventos, uma área na qual a reputação está fortemente ligada ao bem-estar e à segurança das pessoas, aprendi que a credibilidade não deve ser construída com a ideia da perfeição e nem por meio de uma trajetória livre de percalços. Até porque isso não existe. Nunca atrele a sua capacidade e competência a rituais; não cultue os símbolos superficiais de perfeição. Aliás, o conceito de perfeição é muito relativo. Se não fosse assim, não haveria obras incríveis de arte abstrata, que desafiam conceitos cristalizados de certo, belo e linear.

O caminho mais eficaz para perder a reputação é a falta de humildade. É a recusa em demonstrar dúvidas e incertezas. É não ter coragem de assumir erros, enganos e responsabilidades. Precisamos aceitar o incontrolável, e é importante lembrar a todos que não existem fórmulas infalíveis, herméticas e imutáveis.

Afinal, uma hora ou outra, o bebê pode engasgar com alguma coisa, e não teremos tempo para fazer a barba.

APRENDENDO A REAPRENDER

Eu sempre fui uma pessoa muito empenhada em deixar um legado. Afinal, estamos em uma jornada de vida muito curta e, se não colaboramos de alguma maneira com a evolução humana, qual o sentido de tudo que vivemos por aqui? Tem um ditado popular que diz: dessa vida você só leva uma muda de roupa, e nem é você que a escolhe. Foi assim que comecei a criar conteúdo de educação e a dar aulas, e me tornei professor e autodidata naquilo que faço.

Sempre pensei que o aprendizado transforma as pessoas, e elas precisam que profissionais bem-sucedidos transgridam a essência da concorrência. Ou seja, que ensinem boas práticas para que novas gerações sejam cada vez melhores.

Uma vez, enquanto conversava com um amigo e empresário, ele me questionou: "Mas você está ensinando o segredo do seu negócio? Aquilo que demorou tanto tempo para adquirir? Simplesmente vai passar para uma pessoa que pode se tornar seu maior concorrente?". Minhas respostas são as mesmas: não acredito que ensinar algo desconhecido seja quebrar um tabu, mas uma maneira de ajudar tudo a prosperar. Não se trata de dividir a fatia do bolo, e, sim, aumentar o tamanho do bolo para que ele se torne mais relevante.

Quem ensina, aprende. É uma troca de experiências, de conhecimento e de valores. Já estou há uma década como professor e, a cada ano, supero tudo que eu mesmo ensinei no ano anterior. Nossa economia criativa está sempre em constante movimento, o que aprendemos hoje não será exatamente a mesma fórmula de amanhã. A evolução é fundamental para criarmos inovação em tudo que fazemos.

Meus alunos me enviam mensagens tocantes. Contam que subiram nas respectivas carreiras, que entregaram ótimas experiências, que o cliente elogiou o evento como o melhor dos últimos tempos. Muitos conquistaram novos empregos; vários decidiram empreender e outros mudaram seus negócios. O *lifelong learning* (estudo contínuo) é uma premissa fundamental para ajudar a construir a sua reputação nos dias de hoje.

Assim como faço neste livro, sempre procuro mostrar os dois lados da moeda. Existe, sim, um momento em que tudo vai dar certo, mas também existem os tropeços e as provações. E estes geralmente marcam nossas vidas, carreiras e negócios para sempre.

Um dos ditados mais conhecidos diz que na vida a gente colhe o que planta, mas não basta evitar semear ervas daninhas para ficar despreocupado. O fato de não as semear não significa que elas deixarão de nascer no meio da plantação. Essas sementinhas marotas sempre dão um jeito. Elas vêm com o vento, pelos pássaros e muitas vezes chegam pelos nossos próprios sapatos. É incontrolável.

Para vencer uma luta, tenha dados e estratégias bem definidas. A vitória nunca é um acidente de percurso.

Incontrolável: a ordem do caos
@marceloflores1

Em um de meus cursos, o Gestão de Megaeventos, costumo levar meus alunos para conhecer os bastidores de superproduções como o festival de música Lollapalooza, que acontece em São Paulo. É uma oportunidade para acompanhar de perto muitos dos pontos que são tratados em sala de aula. Mas você deve concordar comigo que dificilmente acontecerá algo para que seja necessário usar um plano de contingência de nível alto no dia de uma visita técnica aos bastidores.

Foi em um desses "backstages", porém, que, por conta de uma mudança climática repentina, com risco de tempestade com raios, o festival teve que ser totalmente evacuado usando recursos de gestão de crise. Meus alunos pareciam festejar um fato que era negativo e criado a partir do fator incontrolável do tempo.

O motivo? Aprender na prática como evacuar um megaevento em uma situação de altíssimo risco, conforme tínhamos visto nas aulas. Para eles, esta oportunidade única foi um grande aprendizado, que futuramente poderia ser usado em seus projetos, caso necessário. Um trabalho de prevenção com um plano de contingência bem elaborado pode salvar muita gente, e a reputação de quem o executa será ainda melhor, ou seja, o cenário incontrolável mais uma vez joga a seu favor, desde que você esteja preparado e, principalmente, saiba aplicar o planejado.

E esse contratempo em nada afetou a reputação do festival. Pelo contrário, serviu para fortalecê-la, graças a uma atitude que mostrou que o que realmente importa é o bem-estar e a segurança de todos.

Ainda durante a pesquisa que fiz com meus alunos, percebi que profissionais de todas as áreas têm o mesmo pavor de se deparar com o incontrolável. Na sequência das respostas, discutimos quais os meios para evitar que um descontrole acabe com a paz. Perguntamos à inteligência artificial, e a resposta foi: o melhor meio para garantir a paz é a guerra.

Como é que é? Faz sentido?

Não vamos entrar nas questões que externam a profundidade das tragédias que cabem na palavra "guerra". Aqui o significado é conceitual, e não se trata de uma leitura extrema, mas alegórica, para entender como a estratégia de planejamento de guerra pode ser fundamental para que projetos e metas resistam aos avanços do incontrolável.

Não é à toa que uma das mais poderosas ferramentas estratégicas aplicadas ao ofício do marketing moderno se chama *"war room"*. Trata-se de definir um espaço imersivo de trabalho no qual os profissionais envolvidos se unem em uma empreitada de análises e decisões.

Em uma *war room*, a matéria-prima do trabalho são os dados (números e informações) de tudo o que diz, e pode dizer, respeito ao objetivo. Um centro nervoso, no qual tudo o que foi levantado como cenário no mapa de risco estará conectado com todas as possíveis soluções. Por exemplo, se tomarmos por base um evento, na *war room* os dados mapeados previamente com relação ao clima deverão estar sempre atualizados, com monitoramento para gerar alertas em tempo real e conectados com os serviços e recursos necessários para neutralizar o problema iminente. Assim, se aquela previsão para uma chuvinha tornou-se um alerta de tempestade, o sinal de alerta já indicará que o time que cuida do reforço das estruturas e da segurança deverá estar 200% preparado. E assim por diante.

> **Mais uma vez, a técnica se aplica à vida. Ou, na verdade, o contrário, né? É a vida que determina a técnica.**

Um exemplo prático acontece aqui em casa. Meus filhos, em meio às dúvidas quanto a qual carreira escolher e onde dar sequência aos estudos, montaram uma *war room* só deles. Lá eles coletam as informações de tudo que é do interesse deles, avaliam os pontos negativos e positivos, ponderam as intercorrências possíveis, abastecem-se de soluções cabíveis e montam as conexões necessárias para viabilizar suas escolhas.

A princípio, pode parecer um tanto exagerado dois adolescentes pensarem no futuro de um jeito tão pragmático. Mas é bom lembrar que estamos falando de uma decisão que irá traçar toda a jornada deles no futuro. São decisões complicadas para mentes tão jovens e naturalmente impulsivas processarem com clareza.

Eu me orgulho que tenham optado por levar muito a sério a escolha que deverão fazer para a vida. Eles abraçam a disciplina de uma técnica que me viram usar desde sempre. É muito recomendável tratar desafios e grandes decisões como uma guerra a ser vencida. Quanto mais preparados estamos para cada batalha, mais paz teremos para cumprir nossos propósitos e seguir nossos caminhos.

As coisas mudam o tempo todo. O sucesso não está em lutar contra isso, mas em ter preparo, disposição e humildade para admitir que diante do incontrolável o melhor a se fazer não é tentar escalar um muro infinito, mas usar essa flexibilidade para contornar o obstáculo.

UM RÉVEILLON PARA SÃO PAULO

Em 1995, abracei a missão de participar da criação, do planejamento e da produção da festa de virada de ano na Avenida Paulista. Nessa época, já era sócio de uma agência especializada e tarimbada na execução de grandes eventos. Por conta disso, fazer uma festa de réveillon não era um bicho de sete cabeças.

No entanto, quando parei para pensar na envergadura daquele evento – a data mais importante do ano, na avenida mais emblemática da quarta maior cidade do planeta, para milhões de pessoas no local e outras zilhões ao redor do mundo que assistiriam de longe, coisas que não passavam pela minha cabeça quando assistia os vídeos dos megaconcertos de Jean-Michel Jarre e me imaginava lá, produzindo com ele um espetáculo para milhares de pessoas nas ruas de Paris –, a realidade caiu como uma bomba bem na minha frente.[13]

> **Como controlar o quebra-cabeça logístico incontrolável de ter que construir a estrutura da festa, que iria ocupar os dois lados da avenida, com semanas de antecedência e sem alterar a rotina do mar de pessoas, carros e ônibus que circulam por lá todos os dias?**

Inviabilizar o fluxo da avenida é receita certa para o caos generalizado em São Paulo e, por consequência, decretar o fracasso do réveillon antes mesmo de a festa acontecer.

Reunimos engenheiros, produtores, especialistas em planejamento urbano e todos os representantes técnicos possíveis e imagináveis para encontrar uma maneira de controlar a situação. Impossível. Nenhuma alternativa

---

[13] Jean-Michel Jarre é um compositor e produtor musical francês, reconhecido mundialmente por suas inovações na música eletrônica e pela realização de megaconcertos ao ar livre. Um dos mais icônicos foi Paris La Défense: A City in Concert, que ocorreu em 14 de julho de 1990, atraindo milhões de espectadores para a região empresarial de La Défense, em Paris. Para compreender a concepção do show e a logística envolvida, consultei vídeos e o material oficial do evento, no qual Jarre detalha as etapas da produção. Referência bibliográfica: JARRE, J. M. **Paris La Défense: A City in Concert**, 1990.

apresentava solução, até que decidimos parar de confrontar a rotina da avenida para nos ajustarmos a ela.

Em vez de bloquear a avenida, decidimos construir uma ponte para acomodar o palco. Além de não atrapalhar, a estrutura também poderia enriquecer o dia a dia até a virada de ano.

Assim que nossa ponte ficou pronta, aplicamos a ela uma cenografia especial, transformando a estrutura em uma passarela natalina. Foi um bônus de entretenimento que estabeleceu a temporada de festas de final de ano no calendário turístico da cidade. Esse cenário ajudou a atrair, anualmente, milhares de visitantes entre os meses de novembro e dezembro.

Ao contrário do que possa parecer, a decisão de contornar – e não controlar – o incontrolável não é o caminho mais fácil, pois certamente a solução exigirá um enorme esforço de planejamento. No caso da ponte-palco sobre a Paulista, a construção de uma estrutura que demanda rígidos padrões técnicos, em um formato tão pouco usual, envolveu um desafio de engenharia para garantir segurança e proporcionar uma experiência confortável ao público, o que nos custou intermináveis horas de estudo, testes e preparo para desenhar a solução. Apesar dos desafios, eis um exemplo de situação em que era possível e viável investir no controle.

No final, o palco erguido a 7 metros ajudou a democratizar a festa na Avenida Paulista, permitindo que pessoas assistissem ao show mesmo distantes, com mais conforto e sem aglomerações. No dia seguinte ao evento, 1º de janeiro de 1996, o *Estado de S.Paulo* estampou a manchete "O Réveillon da Paulista emplaca", e a ponte de Natal-palco do Réveillon tornou-se um símbolo do final de ano em São Paulo, que tive a honra de produzir ao longo de dezoito anos consecutivos.

Durante esse tempo surgiram outros desafios. Mas digo a você, sem medo de errar, que a base do sucesso de todas as edições da festa está na decisão de não tentar controlar e alterar a função que a Paulista tem no fluxo da maior cidade da América do Sul.

Foram anos entre erros, acertos e situações incontroláveis – o Réveillon na Paulista é apenas um exemplo. Depois de tanto tempo, porém, finalmente consegui organizar meus aprendizados em um método, que continuo a usar nos mais diversos aspectos da minha vida, carreira e negócios. Também o incorporei aos processos de treinamento da minha equipe, o que tem gerado resultados formidáveis em nosso dia a dia de trabalho.

Agora, coloco o passo a passo, testado e comprovado, em suas mãos.

Vale dizer que esse é um método que segue evoluindo de maneira contínua e na velocidade das mudanças mundiais. Tenho certeza de que todo o conteúdo que está neste livro será valioso para você, assim como é para mim. Convido você para seguirmos juntos, pois sempre existirá algo incontrolável para nos desafiar a seguir em frente.

Sempre existirá algo incontrolável para nos desafiar a seguir em frente.

Incontrolável: a ordem do caos
@marceloflores1

Capítulo 4

Passo 1 – Nem sempre temos o controle, mas devemos sempre ter um plano

Da mesma maneira que um prédio que não foi projetado em planta arquitetônica não tem chances de parar em pé, um evento sem planejamento também está fadado a desabar.

Não existe hipótese de sucesso sem um dimensionamento (técnico, financeiro e conceitual) que funcione como guia para alinhar todas as frentes e todos os profissionais envolvidos na produção. Planejar é garantir a segurança, o conforto, a qualidade, a experiência e o legado de um evento, seja ele um megafestival de música para 70 mil pessoas ou um jantar a dois no Dia dos Namorados.

Mais do que necessário, planejar cada passo e cada item de um evento é vital. Esse é o ensinamento prioritário em todos os meus cursos.

Mas como fica o planejado diante do incontrolável? Que diferença faz planejar se os imprevistos nos tiraram do rumo?

Planejar faz, sim, toda a diferença. Ter um planejamento e ser fiel a ele pode ser a garantia de que o incontrolável não vai controlar você. É como ter um mapa com todas as etapas da jornada previstas, para que você possa chegar ao seu destino com o máximo de assertividade e segurança, além da certeza de que os recursos disponíveis serão suficientes para completar a jornada.

> **Ter um bom plano não o blindará de situações incontroláveis, mas o ajudará a contorná-las sem perder o rumo.**

Tendemos a considerar o planejamento uma ferramenta para aplicar em situações de trabalho, mas é importante ter em mente que as técnicas de planejamento que aprendemos no exercício de uma profissão são extremamente úteis para nos ajudar a ter sucesso nos diversos aspectos da vida.

Existem vários tipos de técnicas de planejamento. Costumamos planejar eventos com um *storytelling* – ou, como alguns preferem definir, fazer o planejamento por meio de tempos e movimentos. Na prática, essa técnica é um exercício de imaginação, em que você faz um passeio virtual pelo seu evento e vai dimensionando tudo o que vai acontecer, o que falta, o que tem a mais, o que pode melhorar e, principalmente, o que pode dar errado. Todos esses momentos mentais são anotados e, no final, temos um mapa com o passo a passo do evento definido, que servirá como guia para todos os envolvidos.

Em um primeiro momento essa técnica pode parecer complexa. No entanto, quando a gente se acostuma, esse processo flui naturalmente e pode ser aplicado a diferentes situações de nossa vida.

Voltemos ao exemplo da festa de aniversário do início do livro. Imagine que você vai organizar a festa de aniversário de uma criança no salão de festas do seu prédio. Com o exercício de tempos e movimentos, você começa colocando-se mentalmente na posição de um dos convidados, para então imaginar cada passo da experiência.

Chegada

Você chega com seu carro. Será que vai achar lugar para estacionar na rua? E se tiver que deixar o carro longe? Vai ter que andar pela calçada irregular com um sapato novo "de festa", carregando o grande pacote de presente do aniversariante e mais um filho no colo por quarteirões. Vai chegar na festa suado, dolorido e irritado.

Nota mental do planejamento: contratar um serviço de estacionamento com manobrista.

Entrada

A festa está cheia, com um monte de gente desconhecida. Você precisa circular com o presente na mão à procura dos seus conhecidos para se juntar a eles.

Nota mental do planejamento: organizar os lugares com antecedência, recepcionar os convidados para receber os presentes e conduzi-los para seu respectivo lugar, próximo das pessoas de seu convívio.

Saída
Suas crianças ganham "gelecas" de lembrancinha, começam a melecar tudo já no carro e continuam em casa. Grudam a gosma até no teto.
Nota mental do planejamento: providenciar lembrancinhas bacanas e que não vão dar trabalho aos pais dos amiguinhos do aniversariante.

Bem, não vamos entrar em todos os detalhes do exercício de planejar a festinha de aniversário, mas esses exemplos já servem para ter uma base da técnica de tempos e movimentos. Em suma, imagine a jornada, anteveja os problemas, antecipe as soluções e não dê moleza para que o incontrolável seja maior do que sua festa, sua meta ou sua missão.
Lembre-se de que planejar é bom, é para sempre, é para toda a vida.
O planejado pode dar certo.
O não planejado vai dar errado.

EYJAFJALLAJÖKULL: QUANDO O INCONTROLÁVEL ATRAVESSA O MUNDO (E OS NOSSOS PLANOS) EM MINUTOS

Em 2010, eu estava a pleno vapor na produção de mais uma edição do Skol Sensation, franquia brasileira de um dos maiores festivais de música eletrônica do mundo, quando uma notícia aparentemente aleatória nos colocou, mais uma vez, diante do incontrolável: na Islândia, o impronunciável vulcão Eyjafjallajökull entrou em erupção.

Estávamos praticamente na véspera do evento, ingressos esgotados, estrutura montada, cotas de patrocínio vendidas, marcas patrocinadoras com ativações prontas para participar do festival. Em um piscar de olhos, tudo isso iria pelos ares junto com a erupção do "Eyja".

Mas, afinal, como é que um vulcão lá do outro lado do mundo pode acabar com um festival de música em São Paulo? Bem, literalmente jogando cinzas nos nossos planos.

A descomunal nuvem de cinzas expelida pelo Eyja se espalhou pela Europa, o que interditou por tempo indeterminado os aeroportos de onde sairiam os DJs contratados – ou seja, as principais atrações, a alma do festival, estavam impossibilitadas de comparecer.

Nossa alternativa diante de um incontrolável dessa dimensão seria adiar o festival e arcar com os danos inerentes ao adiamento: milhares de pessoas frustradas, prejuízo dos patrocinadores, milhões de dólares em custos extras para reorganização de um evento que em outra data certamente seria uma versão "gambiarra" e decepcionante para todos. Portanto, nem pensar em adiar.

Pois é. Se você foi uma das 40 mil pessoas que curtiram o Skol Sensation em 2010, agora está sabendo que o festival esteve por um triz para não acontecer.

Como foi possível contornar o incontrolável? O planejamento nos salvou.

Quando estávamos na etapa de planejar o evento, consideramos a possibilidade de haver alguma eventualidade ou atraso na malha aérea dimensionada para trazer os artistas. Por experiência, sabíamos que as agendas sempre carregadas dos DJs internacionais impedem que eles se apresentem com antecedência para os compromissos.

Ao dimensionar os tempos e movimentos do festival, imaginamos a possibilidade de algum contratempo nos aeroportos da Europa a ponto de acarretar uma ausência no *line-up*. Como medida preventiva, contratamos uma modalidade especial de seguro, que cobre a necessidade de uma logística especial que, diante de qualquer dificuldade, ajuda a garantir que os artistas tenham condições de chegar a tempo ao evento.

Na prática, isso envolveu uma operação de emergência, na qual foram colocadas Ferraris nas *autobahns* alemãs, trens de alta velocidade e helicópteros para levar os DJs até aeroportos não atingidos pela nuvem de cinzas. Cuidamos de tudo para que eles chegassem a São Paulo em tempo para o festival.

> **Claro que jamais imaginaríamos um contratempo do tamanho de um vulcão. Mas ter um plano de contingência já dimensionado foi fundamental para o sucesso do nosso trabalho.**

O planejado pode dar certo. O não planejado vai dar errado.
Incontrolável: a ordem do caos
@marceloflores1

CONFIE NA FÉ, ACREDITE NA SORTE, LEVE UM GUARDA-CHUVA

Você trabalha com eventos? Então certamente conhece a história que vou contar. Agora, se não é da área, provavelmente vai achar que estou inventando.

Vamos lá.

No mundo da produção dos grandes eventos, principalmente os realizados ao ar livre, existe a tradição um tanto excêntrica de considerar na planilha de custo o valor para a contratação de uma entidade religiosa, para que seus membros executem rituais que "espantem" a chuva na data e no local do evento.

Não faço ideia se já houve algum levantamento estatístico da eficácia dessa contratação, mas conheço pessoas que confiaram tanto na solução espiritual que julgaram não ser necessário considerar medidas para o caso de cair um pé-d'água no grande dia.

Um desses eventos era um megafestival. Lá se vão mais de dez anos da fatídica edição, e até hoje as pessoas não se esquecem da experiência. Não, elas não se lembram da música, das ações das marcas patrocinadoras, da cerveja gelada. Nada disso. O que ficou na recordação foi a chuva monumental, a falta de abrigo e a lama na qual se transformou toda a extensão do estacionamento.

Olha, eu sou um cara de fé. Também me considero amigo da sorte. Mas não acho justo que imputemos ao divino a responsabilidade de solucionar todos os nossos problemas.

Ninguém gosta de imaginar que as coisas podem dar errado. Alguns até acreditam em uma relação direta entre pensar e atrair um problema. Mas, diante de um projeto, parar para considerar as coisas que podem dar errado é uma necessidade. Isso exige colocar de lado o conforto de nossas crenças emocionais e deixar a racionalidade assumir o controle temporário das questões.

Seja qual for o evento que vou produzir, faço uma checklist de possíveis situações incontroláveis e já dimensiono soluções antecipadas para amenizá-las. Eventos ao ar livre tornam necessários pensamentos primários, seja qual for a crença e a fé. A contratação de uma instituição espiritual que faz "não chover" não descarta o dimensionamento de pontos de abrigo, estacionamentos em locais com proteção de solo, barraquinhas para vendas de capas, estruturas de proteção para equipamentos e para-raios.

Dos eventos profissionais à vida pessoal, percebemos que essa resistência em considerar o negativo faz parte de nossos hábitos mais arraigados. Isso é muito perigoso, pois confiar em soluções divinas pode ser uma armadilha blindada para reflexões.

Tenho um amigo supertalentoso. Ele é chefe de cozinha, estudou nas melhores escolas, domina todas as técnicas e tem excelentes ideias para empreender. Faz vinte anos que o vejo transformar grandes ideias em fracassos sonoros. Seu erro? Colocar tudo na conta da fé e da sorte. A cada ano ele tem, pelo menos, três ideias geniais para um negócio. Ideias turbinadas que nunca decolam. Por que será?

Cada vez que parte para um empreitada, meu amigo está cheio de confiança. Com bons pensamentos, ele mentaliza o sucesso, corre para casa e aciona o modo fé absoluta. Municiado de novenas, rituais, mapa astral, numerologia, benzimentos e rituais esotéricos, ele delega à fé o sucesso pretendido. Recusa-se a ponderar contratempos, pois pensamentos ruins atraem coisas ruins.

Claro que entre o desejo e os fatos surgem situações incontroláveis (que podem ser amenizadas quando não viramos as costas para os imprevistos). A parte mais nociva dessa relação, isso fica claro na história do meu amigo, é que, quando o fracasso acontece, ele se considera isento de fazer uma reflexão sobre seus erros. Afinal, "foi Deus quem não quis", "foi a sorte que não ajudou", mas nunca a falta de atitude ou suas decisões erradas.

Após levar em conta a discrepância entre a conveniência de terceirizar as expectativas com o divino e o incômodo de pensar nas coisas que podem dar errado, desenvolvi uma metodologia de autodisciplina: o **Mapa do Caos**.

Seja na hora de produzir um evento ou colocar em prática um projeto pessoal, marco um dia e uma hora para me dedicar a mapear tudo o que pode dar errado e, para cada ponto, quais atitudes ou providências podem ser antecipadas para minorar possíveis danos.

Não é uma tarefa agradável e, se não houver disciplina, tendemos a postergá-la. Mas, acredite, o resultado é libertador e eficiente.

Como vimos, por definição, é impossível assumir as rédeas do incontrolável. Mas, seja qual for a situação, a possibilidade de contornar ou neutralizar as consequências nos proporciona alguma vantagem estrutural para a preservação das nossas metas.

Na travessia dos caminhos da vida, a gente sabe que a fé move montanhas. Mas, se por acaso chover, será muito bom ter levado um guarda-chuva.

UM APRENDIZADO (QUASE) CHOCANTE

O Valley, um festival planejado para receber 50 mil pessoas, foi um evento com uma estrutura imensa: três palcos, quarenta artistas, mais de 3 mil profissionais na produção e 100 mil m² de espaço nos quais cada detalhe tinha de ser cuidado com a máxima atenção. Além disso, o festival teve a proposta de elevar a estética de produção nacional dos shows sertanejos para o patamar internacional.

Eu acredito que cada evento é uma empresa: tem gente e processo, tem processo e gente. Então tudo precisa ser planejado com disciplina e organização, inclusive na hora de construir o nosso Mapa do Caos.

Para planejar e mapear os pontos críticos de um evento a partir de uma planta baixa da estrutura, aprendi uma técnica eficiente: implantar o projeto dentro de um tabuleiro de batalha naval. Com essa estratégia, dividimos estruturas e equipes concentradas em quadrantes que permitem dividir áreas de atendimento, alimentos e bebidas, caixas, banheiros, segurança, limpeza, artísticos e técnicos. Células independentes capazes de executar suas tarefas e resolver seus problemas individualmente.

A possibilidade de chuva estava no Mapa do Caos. É regra: em todos os eventos abertos, nos preparamos para ela. Mas não estávamos prontos para o que aconteceu no segundo dia do festival, quando um dilúvio despencou sobre o show em andamento. Um volume de água que não se via há uma década, a ponto de as bombas de sucção instaladas no espaço não darem conta do recado. Em um piscar de olhos, o festival transformou-se em uma imensa piscina.

Nossa preocupação era agir rapidamente para manter a viabilidade do show, uma vez que o público, indiferente à chuva, seguiu se divertindo. Porém, o incontrolável está sempre à espreita e não perde as boas oportunidades de se apresentar.

A produção me chamou com urgência em um dos palcos. Nem nos meus piores pesadelos imaginei a situação que estava rolando ali. A água, que subia rapidamente, estava quase atingindo a *house mix*, aquela estrutura que fica na frente do palco e de onde se controlam as luzes, o som e o telão. Mais do que acabar com qualquer possibilidade de o show continuar, se a água atingisse a estrutura, haveria o risco de uma eletrocussão em massa. Uma tragédia assombrosa que escalava com mais rapidez do que o esforço dos técnicos para desligar as fontes de energia.

Olhei para a multidão. O público dançava, cantava e se divertia. Pessoas que nem imaginavam que estavam com a vida, literalmente, por um fio.

Sem conseguir pensar em uma saída mais eficaz ou inteligente, corri e, na força da adrenalina, levantei o equipamento para ganhar algum tempo até que a água o alcançasse. Fiquei nessa situação por alguns segundos, tempo suficiente para que os técnicos conseguissem desligar a energia. Para mim, cada segundo valeu pela eternidade.

Quando finalmente pude colocar o equipamento em local seguro, me dei conta do quanto estive próximo de virar churrasco. Logo eu, que tenho fobia de acidentes elétricos de qualquer proporção, a ponto de nunca abrir uma geladeira ou colocar um plugue na tomada se não estiver calçado e protegido por boas solas de borracha.

Não é à toa que as palavras "evento" e "eventualidade" compartilham raízes. E, nesse megaevento que é a vida, temos que ter disposição e agilidade para tomar atitudes necessárias, até mesmo sem medir consequências, quando a segurança e a integridade de outras pessoas estão em risco. No momento do sufoco, acredito que fiz o que precisava ser feito. Mas nem de longe foi uma atitude sensata.

Mais uma lição que aprendi no trabalho e levei para a vida: não dá para contar apenas com a sorte e com a certeza de que nada irá superar os perrengues que passamos até chegar aqui. Experiência, fé e coragem são fundamentais, mas o incontrolável sempre nos surpreenderá com aquela tempestade que desaba nos dias em que a previsão promete sol ou, no máximo, um chuvisco.

Vamos na fé! Mas sempre com um guarda-chuva por perto.

Em tempo: depois dessa tempestade, meus eventos estão preparados para qualquer chuva, inclusive com estruturas adaptadas para proteger os equipamentos das intempéries e facilitar os acessos emergenciais. Ainda assim, antes de cada trabalho, preparo um Mapa do Caos que mais parece um roteiro de filme de ação. E colocar todo esse plano de prevenção em prática não é fácil – custa mais, dá mais trabalho, demanda mais tempo.

"Isso é um exagero, Marcelo", "Isso só vai acontecer se você der muito azar", "Tem um milhão de anos que a gente faz evento e nunca aconteceu. Não vai ser agora, né?". Essas são algumas das frases que ouço sempre.

Pode ser que todos estejam certos. Na verdade, é muito provável que estejam. Mas não abro mão de fazer as coisas assim: boto a maior fé na sorte e não ignoro o azar.

Não construa edifícios com tijolos de papel.

Incontrolável: a ordem do caos
@marceloflores1

Capítulo 5

Passo 2 – Mergulhe no aleatório

No passo anterior, vimos que por mais que o planejamento nos ajude a definir passos e antever situações adversas, os contratempos vão se apresentar de alguma maneira. Aprendi que isso é praticamente uma lei imutável nos eventos e na vida.

Não existe fórmula, antídoto ou mandinga que nos blinde dos impactos de acontecimentos inesperados, desconhecidos e, geralmente, na melhor das hipóteses, desagradáveis.

Nesses momentos, o pior que pode acontecer é a gente não aceitar que o aleatório foge de tudo o que foi planejado. É natural tentarmos buscar soluções nas coisas que foram previstas, mas insistir em encontrar respostas onde elas não existem é o caminho mais rápido para o fracasso.

Vou fazer uma comparação um tanto exagerada, mas longe de ser descabida. É a mesma coisa que pegar um livro de receitas para tentar consertar um problema no motor do carro. Ou, para ser mais exato, é como providenciar um estoque de remédios digestivos para uma viagem gastronômica (atitude que faz parte de um planejamento totalmente lógico, racional e inteligente), mas torcer o tornozelo na tal viagem – bem, esse problema certamente não será solucionado com sal de fruta...

Destaco esse ponto porque temos uma tendência a correr para um canto quentinho e familiar quando se trata de enfrentar o desconhecido. Mas, acredite, nem sempre isso vai funcionar.

Então qual a melhor maneira de achar soluções para as enrascadas fora de controle?

Não é fácil, mas não se trata de achar soluções, e sim buscar as saídas mais seguras.

O segredo é ter repertório. Aprender o maior e mais variado número de assuntos que você conseguir. Aprendizado gera entendimento, e a clareza do entendimento nos ajuda a vislumbrar caminhos factíveis. Enxergar os caminhos com segurança e clareza acalma e dá confiança para que as melhores decisões sejam tomadas.

Aprendi no trabalho a lição de buscar estar cada vez mais preparado para tudo. Tudo mesmo. Nesses anos de estrada, tive de lidar com ameaça de bomba, trabalho de parto, artistas bêbados a ponto de nem lembrarem as letras das músicas, golpistas e falsificadores, terremoto, vulcão, gente que infartou no meio do show. Imagine as situações mais malucas e te direi que elas já aconteceram em um evento.

Lidar com tanta imprevisibilidade me orientou a entender o mecanismo das coisas e situações, a me interessar por tudo. Não foi um processo planejado, mas ganhou método, que chamo de **Rotina de Estudos Aleatórios**.

Semanalmente, reservo um dia, e pelo menos três horas, para navegar sem rumo pela internet, encontrando assuntos ao acaso. Mergulho nos temas que mais me chamam a atenção no momento, faço anotações, descubro cursos, livros e outros conteúdos em que posso me aprofundar. As anotações, nas notas do celular ou em bons e velhos caderninhos analógicos, ajudam a memorizar detalhes e informações que, incrivelmente, vem à tona quando precisamos delas.

Estou agora com um dos meus caderninhos nas mãos. E olha só os assuntos dos meus estudos aleatórios anotados apenas nas primeiras páginas: liderança, insights de criatividade e inovação, primeiros socorros, metaverso, manutenção de equipamentos elétricos, prevenção de acidentes no trabalho, internet das coisas, saúde integral, marsupiais brasileiros, estoicismo, história da arte, psicologia comportamental...

Neste momento, quem me lê pode pensar que é uma loucura investir tempo valioso em temas tão distantes do meu dia a dia e que, portanto, dificilmente terão utilidade para mim.

Pois você se surpreenderia se eu te contasse quantas vezes os aprendizados dos meus Estudos Aleatórios me ajudaram a contornar o incontrolável, seja nos desafios profissionais ou em superações pessoais. Acredite: o melhor investimento da vida é nos familiarizarmos com o máximo de assuntos, pois o incontrolável aparece sempre sem avisar e de modos inimagináveis.

ALGUÉM FLUENTE EM QUÉCHUA?

A constância do inconstante. Parece contraditório, mas é exatamente isso que acontece. O aleatório é muito mais comum do que percebemos em nosso cotidiano.

No meu caso, a aleatoriedade foi a base da construção e da dinâmica familiar. Saca só: meu avô materno era turco; minha avó, espanhola. Eles foram ter minha mãe no Egito, enquanto meu pai nasceu na Bolívia.

Embora por caminhos distintos, meus pais passaram por situações semelhantes, pois a única saída era abraçar o desconhecido e o improvável.

A família da minha mãe precisou fugir do Egito para a Espanha. O motivo era serem judeus, acuados em meio a conflitos e perseguições. Depois de um tempo na Europa, decidiram começar uma vida nova no Brasil.

Enquanto o núcleo materno se refugiava na Espanha, do outro lado do mundo, meu pai imigrava para os Estados Unidos. Foi em busca de uma vida melhor e caiu no meio de uma guerra, prestes a ser convocado para lutar no Vietnã. Aquele conflito, cujos motivos ele nem conhecia, não fazia parte dos seus sonhos. Foi quando decidiu vir para o Brasil.

Foi aqui que meus pais tiveram um encontro improvável. Duas trajetórias tão distintas, dois caminhos divergentes que se cruzaram por causa de conflitos e situações incontroláveis.

Uma das consequências de ser obrigado a correr pelo mundo em busca de um rumo é que, depois disso, o planeta se torna pequeno demais para quem enfrentou e superou o desafio. Porém, aqui no Brasil, a história deles passou a ser também a minha história e, quando completei 13 anos, meus pais decidiram viver na Bolívia pelo período de um ano.

O que para eles era mais uma mudança, para mim foi a vida virada do avesso. Imagine só um pré-adolescente ter de deixar os amigos, a escola, a rotina e tudo o que era referência para viver em um país diferente, com divisões sociais ainda mais profundas do que no Brasil.

Pensei que não seria fácil, mas foi ainda pior. Um mergulho no aleatório ao ter de aprender coisas que não faziam o menor sentido. Falar espanhol, decorar nomes de ruas, entender as expressões locais e as diferenças das comidas e bebidas. Mas nada se comparava às aulas de quéchua que tinha na escola.

Quéchua é a língua dos povos originários da Bolívia. Para mim, isso equivalia a ter o tupi como matéria de escola aqui no Brasil. Por que aprender quéchua? Que utilidade teria aquilo?

Depois de alguns meses, meus pais passaram a me dar autonomia para me virar sozinho no novo país. Começaram com pequenas tarefas, e uma dessas missões foi ir sozinho ao mercadão da cidade com uma lista de frutas e verduras e o dinheiro contado. Esperavam que eu desse um jeito de encontrar todas as frutas e verduras listadas, além de negociar os preços para o dinheiro ser suficiente para tudo. Tranquilo.

Já no mercado, não foi difícil perceber que a grana não seria suficiente. Pelo menos não para levar os melhores produtos. Bora pechinchar com as *cholitas* (mulheres de ascendência indígena) que comandavam as bancas no local.

Gastei meu melhor espanhol e nada. Não conseguiria levar nem metade da lista com as melhores frutas.

Fiquei com o sentimento de fracasso, pois cavar bons descontos com as *cholitas* era uma tradição local.

Quando estava prestes a desistir, abracei o aleatório. Comecei a negociar em quéchua. Expressava-me aos trancos e barrancos com meu pequeno vocabulário, mas foi suficiente para as *cholitas* olharem para mim de um jeito diferente. Notaram meu esforço em falar a língua original, reuniram-se ao meu redor, me ajudaram com as palavras e estabelecemos conexão.

Voltei para casa com as sacolas cheias de frutas e verduras de ótima qualidade!

Depois me liguei que meus pais planejaram aquilo tudo. A partir daí, tive orgulho da minha evolução no quéchua.

Não me esqueço disso. Principalmente quando vou negociar com produtores, artistas, empresários, agentes, patrocinadores e muitas outras *"cholitas"* do mercado de entretenimento que encontro pelo caminho todos os dias.

Não fiquei fluente em quéchua. Mas aprendi que todo conhecimento nos prepara, racional e emocionalmente, para transpor o incontrolável.

Para não ser devorado por um leão basta rezar... enquanto corre.

Incontrolável: a ordem do caos
@marceloflores1

NÃO TEMOS ASAS, MAS A CURIOSIDADE NOS FAZ VOAR

A curiosidade é um impulso transformador, tão importante que chega a ser uma obsessão humana.

Somos o que somos graças à curiosidade. Foi ela que nos ajudou a fazer fogo, descobrir a utilidade da roda, chegar à lua. Devemos tudo à curiosidade.

Aliás, não são raras as vezes que fico imaginando como a curiosidade nos revelou coisas tão banais e absolutamente improváveis. Pensa só na curiosidade do ancestral que resolveu ver o que aconteceria se jogasse um milho no fogo e... Eis a pipoca!

Do singelo explodir de um milho até a criação de uma máquina que nos fez vencer o limite físico humano que é voar, sempre me impressiono quando penso nesses processos.

Curiosidade é o verdadeiro superpoder da humanidade. É o melhor método de aprendizado que existe. E todos nós somos plena e naturalmente capacitados para exercê-la.

Não consigo imaginar exemplos mais perfeitos da soberania humana sobre o incontrolável. Um monte de ferro pesando toneladas não pode voar pelo céu. Mas voa. Um barco do tamanho de uma cidade não pode flutuar no oceano. Mas flutua.

O maior desperdício que consigo dimensionar é passar pela vida sem usar ao máximo os poderes que a curiosidade nos dá. Acredito ser esta a diferença entre as pessoas que deixam legados e as que passam batido pela vida.

Esse passo, essa crença e certeza de que a curiosidade nos dá asas talvez seja a que mais se aplica a todas as questões da vida, além desse meu mundo de eventos.

Devemos exercitar e desenvolver o nosso paladar pela curiosidade e fazer dela o alimento que nos impulsiona para a evolução. É como uma obrigação. E para manter a curiosidade aguçada e produtiva costumo recomendar aos meus alunos que tenham hábitos inegociáveis.

- **Aceitar o contraditório:** cada um de nós tem assuntos e pautas preferidos, coisas com as quais concordamos e compactuamos. Mas, acredite, a kriptonita capaz de aniquilar os poderes da curiosidade é fechar-se em uma bolha sem buscar conhecer e entender as coisas pelas quais não temos interesse. É importante lembrar que para discordar de algo, para fazer diferente e melhor, precisamos conhecer os assuntos em questão.
- **Manter olhos e ouvidos ligados:** muitas vezes nossos olhos e ouvidos se acostumam à comodidade de focar apenas aquilo que está bem perto da gente e em território conhecido. Ok, não dá para rodar pelo mundo observando a riqueza comportamental e estrutural do planeta. Mas é possível fazer isso de um jeito muito simples –

que, por sinal, você está exercendo agora, com um livro nas mãos e a cabeça focada no conteúdo.

- **Experimentar:** informação e conhecimento são bons de qualquer jeito, mas o ideal é usar esse superpoder de maneira experimental e prática. E as possibilidades de experimentação são tão amplas quanto a pipoca e o avião. A força motriz para efetivá-las é perguntar-se sempre: "Por que não?". Por que não espaguete com molho e chocolate? Por que não ir a pé? Por que não inventar um instrumento com garrafas pet? Por que não servir comida de rua em um evento sofisticado? Eu poderia preencher páginas e mais páginas com exemplos e ainda assim não seria suficiente. As possibilidades são infinitas e renováveis a cada instante.

Não tem nada mais incrível do que o poder que a inteligência humana dá à nossa curiosidade natural. Claro que a pauta única é o bom senso e o foco em coisas que beneficiem e agradem a nós mesmos e aos outros.

Pode ter certeza de que cada coisa nova e boa que você cria fará parte do seu legado futuro, além de aumentar a capacidade de encontrar soluções e inovações para facilitar as coisas e fazer a vida melhor. Dê asas às boas ideias. Acredite, com seu esforço e determinação, elas vão decolar.

Quer um exemplo? O ápice da consolidação do sertanejo no Brasil aconteceu em uma turnê que reuniu, no mesmo palco, os nomes de maior destaque naquele momento: Chitãozinho & Xororó, Zezé Di Camargo & Luciano e Leandro & Leonardo. Foi um encontro épico com patrocínio e assinatura de um grande banco brasileiro, que levava o nome do evento. Esse acontecimento posteriormente deu origem a um grande festival sertanejo chamado AMIGOS.

Essa produção grandiosa estreou em São Paulo e logo foi para o Rio de Janeiro. Reuniu 35 mil pessoas no sambódromo Marquês de Sapucaí, e tive a honra e a alegria de produzir com a empresa em que era sócio.

A envergadura do projeto exigiu que mudássemos para o Rio, inclusive com a necessidade de montar um QG da empresa no sambódromo. Centralizamos o trabalho em um espaço que chamávamos de "Sala de Produção".

Nessa época, o Rio passava por um período de imensa tensão, com uma explosão de violência que envolvia conflitos entre facções e de facções com a polícia. Reforçamos a segurança e achamos que assim o conflito ficaria longe da festa. Porém, no segundo dia de trabalho da nossa produção carioca, tivemos uma terrível surpresa ao entrar na Sala de Produção. Tal qual os filmes de máfia, a parede havia sido crivada de balas durante a madrugada.

Chamamos o chefe da segurança. A solução era reforçar o contingente de proteção imediatamente (só que não). O próprio chefe da segurança nos alertou que tal reforço apenas agravaria a situação com mais retaliações.

— E aí? Chamamos a polícia?

— Nem pensar! Seria o fim do evento.

Em épocas mais amenas, uma alternativa seria buscar, nas comunidades próximas, a ajuda de pessoas que eles chamavam de "negociadores" ou "intermediários". Porém, diante do clima de apreensão, todas as tentativas poderiam resultar em um tiro no pé. Ou, literalmente, coisa pior...

Nos dias seguintes, continuamos recebendo recados. Tiros nas instalações e nos equipamentos e bilhetinhos com ameaças. E não parou por aí. Logo os tiros e as ameaças começaram a vir com tentativas de extorsão. Os dois lados rivais nos pediram dinheiro para "garantir a segurança do evento".

Pensa em uma sinuca de bico. Qualquer decisão nos colocaria em encrenca e deixaria em risco o evento e, principalmente, as pessoas que já haviam comprado ingresso e estavam contando os minutos para o grande dia.

Montamos um gabinete de crise. Reunimos toda a equipe para achar saídas. No entanto, aquela era uma situação para a qual de nada adiantavam os conhecimentos técnicos. Era um ponto fora da curva, até mesmo para os especialistas em segurança.

Por puro desespero, deixei meu pensamento voar solto à procura de soluções. Eu me lembrei de uma convenção que havíamos feito há algum tempo, na qual uma das atrações foi um palestrante motivacional, oficial da reserva do Exército, especialista em negociações em cenários de crise. No mesmo evento, uma outra palestra foi apresentada por um neurocientista, estudioso do comportamento humano.

Entramos em contato com os dois e os trouxemos para integrar o gabinete de crise. Além deles, convoquei alguns representantes de ONGs que atuavam nas comunidades próximas e, na última hora, me deu o estalo de chamar para o grupo um roteirista de cinema que havia dado uma entrevista recente sobre composição de personagens e estruturação de trama.

Por que chamar pessoas aparentemente tão aleatórias para resolver um impasse daquele? As poucas pessoas da equipe que sabiam dessa minha movimentação acharam que eu tinha pirado.

> **A resposta que eu tinha para esses questionamentos era uma outra pergunta, aquela que a gente apresenta quando não tem como explicar um feeling: "Por que não?".**

Nos isolamos em um hotel. Foram horas e mais horas de conversas que se iniciaram com cada parte expondo sua análise da situação, incluindo ideias para a solução. Todas elas eram incompletas, mas colocadas lado a lado vimos que a junção dos pontos começava a fazer sentido.

Juntos, criamos uma técnica de negociação específica para tais condições de conflito. Essa didática foi transformada em um roteiro, determinando frame a frame cada movimentação a ser feita, os atores necessários para entrar em cena e, principalmente, que personagens deveríamos representar na negociação.

Não foi simples, não foi fácil e não havia qualquer garantia de que o método iria funcionar. Iniciado o trabalho de negociação, foram muitos e imensos os desafios que surgiram até que começássemos a ver algum resultado.

Para resumir, a poucas horas do festival, as partes envolvidas nos conflitos nos garantiram que ele aconteceria na santa paz. E assim foi.

Essa foi a primeira situação desse tipo que precisei encarar, mas nem de longe foi a última. Em todas elas, a nossa didática de negociação foi usada com eficiência.

O que não pareceu ter sentido na hora da aflição consolidou-se em solução e aprendizado para toda a vida. O festival foi um sucesso e mostrou a diferença que faz a gente trocar o "porque não" pelo "por que não?".

Caminhar contra o vento nos fortalece. E quanto mais fortes ficamos, mais longe vamos.

Incontrolável: a ordem do caos
@marceloflores1

Capítulo 6

Passo 3 – Nunca se esqueça de trancar as portas

Entre as assustadoras histórias dos desastres naturais que atingiram o Rio de Janeiro em 2011, um relato chamou minha atenção.

O senhor João Silveira Lima foi entrevistado para falar sobre a façanha, misto de sorte e condição geográfica, de ter sua casa como a única estrutura preservada quando um deslizamento aniquilou todo o quarteirão.

Seu João não estava contente. Estava agradecido pela saúde da família, mas sem qualquer contentamento. Lamentava o destino dos vizinhos enquanto o repórter se esforçava para puxar qualquer traço de euforia em suas declarações.

— O seu João lamenta pelos amigos da vizinhança, mas com certeza está feliz porque teve suas coisas preservadas. Não é, seu João?

— Na verdade, não, senhor. A terra não levou minhas coisas, mas, hoje cedo, quando voltamos, vimos que nos esquecemos de trancar a porta lá do fundo, uma porta que sempre fica trancada. Entraram aí e sumiram com tudo. Televisão, computador, todos os mantimentos. Até uma latinha em que minha neta guardava umas moedinhas foi.

Em um momento extremo do incontrolável, aquele homem achou que havia sido poupado. Talvez sob efeito da euforia provocada pelo milagre, ele deixou, literalmente, as portas abertas para a formação de um novo acontecimento, decorrente do cataclismo original.

Obviamente, esse caso do seu João, aplicado ao nosso assunto, é simbólico. Foi um gatilho para uma interpretação que me fez refletir metaforicamente sobre um contexto mais amplo: seu João não trancou a porta.

Ok, poderiam ter arrombado. Em uma hipótese pior, poderiam ter invadido a casa com a família lá dentro. Muita coisa poderia ter acontecido, inclusive os ladrões não terem entrado por conta da porta trancada.

Mas eu só conseguia pensar: por quê? Por que, justo naquele dia, aquela bendita porta não estava trancada, seu João?

Fiquei imaginando quantas vezes "deixamos portas abertas" para o incontrolável entrar. Distração, economia, preguiça, esquecimento, negligência. Não faltam motivos evitáveis para deixar essas frestas que só nos incomodarão depois que o estrago for feito.

Para quem trabalha com eventos, manter portas fechadas é um desafio árduo. Abertas, elas são puro veneno.

Uma das primeiras lições que aprendi na minha profissão foi a necessidade de saber o momento de fechar as portas. Começa por identificar cada uma para garantir que todas serão trancadas.

Em um evento, posso listar as principais portas que deixamos abertas.

PORTA DA ECONOMIA PORCA

Sabe aquilo de o barato sair caro? Pois é.

Poucos discutem a verdade dessa afirmação. Mas a tentação que a gente tem em aumentar a margem de ganho, seja lá no que for, é muito grande.

Se você ainda nutre algum tipo de simpatia por esse conceito de economia, lamento. Isso não dá certo. Nunca. Nem mesmo quando parece que deu.

Em um evento, as possibilidades de cobrar caro e economizar em itens estruturais são infinitas, mas isso é uma porta escancarada para o incontrolável.

Só para ter uma ideia, tenho um amigo que foi um dos responsáveis pela produção de um grande evento fora do Brasil. Durante o processo de montagem estrutural, houve uma pressão intensa para "rentabilização". Ou seja, a diferença entre custos e arrecadação teria que ser maior.

Equipamentos de primeira linha foram substituídos por opções defasadas. Afinal, ninguém perceberia a diferença. Os materiais usados na montagem foram escolhidos entre os mais baratos. Tudo bem que não eram tão seguros ou resistentes, mas quem se importa? Era apenas por um dia.

Feitas todas as mudanças estruturais, a pressão seguia com o dono da coisa toda apertando meu amigo por todos os lados. Quando faltavam apenas cinco dias para o evento, o contratante perguntava onde poderiam economizar mais.

— Não dá mais. Já está tudo contratado – dizia meu amigo.
— Sempre tem uma gordura para cortar.
— Não tem. A não ser...
— A não ser o quê?
— Podemos rever o contrato do seguro da montagem, afinal, já está tudo pronto.
— Boa!
— Tem certeza? Vamos economizar apenas cinco dias e ficar sem essa cobertura.
— Com esses cinco dias de economia, pago o cachê de três produtores.

Pois bem. Na véspera do evento, o equipamento defasado entrou em curto. Uma fagulha atingiu o material da estrutura de palco, que, por ser mais barato, não tinha resistência ao fogo.

Quinze minutos foram suficientes para o incontrolável transformar todo o trabalho em pó, sem a possibilidade de acionar qualquer cobertura. O salário de um dia de três produtores custou a ruína de um empreendedor.

PORTA DA FALÁCIA

Prometer uma coisa e entregar outra para lucrar mais pode até "dar certo" uma vez, mas custará o futuro de quem fez.

Se você quer entender bem esse ponto e não liga de sentir vergonha alheia no nível máximo, assista *Fyre Festival: fiasco no Caribe* (EUA, 2019, 97 min.), na Netflix.

Esse documentário relata a história do mega-hiperexclusivo festival que reuniria grandes atrações e gente abastada de todo o mundo na ilha caribenha que um dia pertenceu a Pablo Escobar.

Meses antes do evento, um burburinho tomou conta da internet, mobilizando várias celebridades. Uma campanha de divulgação viralizou e provocou um boom de vendas de ingressos, adquiridos em troca de pequenas fortunas.

Um time dos sonhos de atrações mundialmente famosas foi anunciado com alarde. Supermodelos usavam as redes sociais para garantir que estariam lá, e o paraíso do Caribe, equipado com estrutura luxuosa, mordomias milionárias e tecnologia de ponta, fez com que as pessoas não medissem esforços para marcar presença.

No final, a descoberta fatídica: não havia ilha do Escobar, não havia estrutura nem mordomias, não havia atrações nem supermodelos. Não havia nada. Inclusive, não havia água, comida, lugar para dormir e, pasme, avião para voltar para casa. Uma enganação de proporções galácticas que me fez passar mal de vergonha quando assisti.

Sem entrar na questão das punições resultantes para o organizador, ninguém pode dizer que ele não faturou.

Mas me diga uma coisa, sinceramente: você compraria qualquer coisa da mão desse cara? Teria coragem?

> **Não existe caminho mais curto para o descrédito do que prometer e não cumprir. Ganhar alguma coisa usando esse artifício é pior do que perder.**

Quando agimos correta e honestamente, podem acontecer muitas coisas que nos façam fracassar, mas sempre teremos espaço e credibilidade para tentar de novo, quantas vezes forem necessárias, até vencer.

Por outro lado, ganhar à custa de mentiras é pior do que perder. É perder para sempre.

PORTA DA AVERSÃO AO ERRO

Um dos pilares evolutivos mais importantes na nossa vida é aprender a ter uma relação aberta com o erro.

Hoje, por conta da filosofia de atuação das startups, que pregam a importância do erro no processo evolutivo de um trabalho, falar em erros como traço da existência humana deixou de ser tabu. Mas entre a teoria e a prática existem os vícios comportamentais que, em consequência de séculos e séculos de cultivo cuidadoso, estão entranhados no nosso DNA.

Minimizar, ignorar, terceirizar e ocultar equívocos são impulsos de autodefesa quase que instintivos, por mais conscientes que sejamos das consequências terríveis que esses atos podem gerar.

Ainda no meu universo de eventos, onde uma produção pode envolver centenas de profissionais antes, durante e depois de acontecer – um terreno fértil para que erros sejam empurrados para debaixo do tapete na esperança de que lá permaneçam, quietinhos, até que tudo acabe –, não há momento melhor para um erro explodir feito mina terrestre do que a hora H, quando o evento está rolando. Contratempos simples, que seriam facilmente contornados com antecedência, transformam-se em algo incontrolável.

A porta dos erros é certamente a mais difícil de fechar, pois envolve um trabalho de mudança comportamental que deve acontecer em níveis diferentes e independentes.

Para líderes, é fundamental conquistar a confiança do time e fazer que as pessoas não tenham medo nem vergonha de sinalizar seus equívocos quando eles acontecem. Esse processo depende fundamentalmente do exemplo de um líder que sabe assumir suas falhas e lidar com elas de modo racional e sereno.

Para quem não é líder, o trabalho requer autodisciplina. Doutrinar-se a dizer "eu errei" com firmeza e segurança é muito menos dolorido do que administrar um problema futuro gerado pelo equívoco em questão, que, além de causar prejuízos e estresse, ainda pode arranhar definitivamente a carreira de quem varreu o erro para debaixo do tapete.

Em todas essas situações, tudo depende de parar de enxergar uma falha como o bicho-papão, um trauma ancestral, uma aniquiladora da autoestima.

Errar é humano. Mas encarar o erro com coragem e disposição para consertá-lo enquanto é tempo é ser humano em evolução.

Todas essas portas que procuro manter fechadas no meu trabalho também existem na vida pessoal, nos novos projetos, nos planos para o futuro. Aliás, existem muitas outras além delas. Portas comuns e portas particulares a cada um de nós. Mantê-las sempre fechadas para dificultar a entrada do incontrolável certamente não é possível.

Mas isso não nos impede de tentar.

EM UM ESPETÁCULO NO GELO, NEM TODOS DEVEM PATINAR

O ano era 2008. O local era o Ginásio do Ibirapuera, em São Paulo. O dia, 10 de abril. Com uma equipe gigante de produtores, eu aguardava ansiosamente a chegada de um comboio com vinte containers que trazia toda a estrutura para a montagem do espetáculo Holiday on Ice, que estava em uma tour mundial que começou dois anos antes em Paris.

O tal comboio já havia percorrido mais de 520 mil km, uma verdadeira volta ao mundo. O Brasil era a última etapa da edição. E, claro, foi justamente aqui, na minha vez de assumir a produção, que o incontrolável aconteceu.

Por aqui a tour envolvia dez cidades, 64 toneladas de equipamentos e 52 artistas das mais diferentes nacionalidades: americanos, russos, australianos, canadenses, franceses, alemães, ingleses, mexicanos, uruguaios, húngaros, poloneses e tchecos. Uma verdadeira babel no gelo.

Dimensões assustadoras, mas ok. A excelência profissional do Holiday on Ice é inquestionável em todos os sentidos, principalmente quando se trata de pontualidade.

São Paulo era a primeira parada e toda estrutura estava a caminho por via terrestre, vinda do Uruguai. Cumprindo nosso briefing, montamos um plano logístico enxuto para evitar custos extras com a estadia de artistas e produtores.

Sim, trabalhávamos com o tempo contado e sem margem para atrasos. E hoje a gente sabe, né? Esse tipo de coisa é porta aberta – ou melhor, escancarada – para o incontrolável entrar em cena. E ele entrou. Entrou com tudo.

Logo na fronteira com um o Uruguai, uma greve alfandegária. Só nos restou o otimismo para que a situação se desenrolasse logo. Mas claro que não foi assim.

Quando os equipamentos foram liberados na alfândega, já havia extrapolado o tempo-limite do planejamento. Um risco muito acima do que a sensatez permitia. Havia a possibilidade de cancelar o show e postergar a abertura, mas os organizadores logo descartaram essa alternativa. Estavam atados por cláusulas contratuais, não havia como negociar mudanças com os patrocinadores e, para piorar o cenário, as vendas de ingresso foram feitas sem a cobertura do seguro chamado de *"no performance"*, que cobre os custos com a devolução de ingressos diante de contratempos iguais àquele.

Não fazer o seguro também foi uma imposição econômica. Ou seja, a porta da economia porca estava arrombada. Nada mais inviável do que contar que os equipamentos chegassem a tempo, colocando vidas em risco nas estradas.

Nós, da produção, tomamos a atitude de nos reunir para montar um plano de contingência, que envolveu montar uma estrutura reserva com fornecedores brasileiros. Pensa na dificuldade que é pegar um descritivo técnico e estrutural daquele porte (planejado e executado ao longo de anos) e ter que remontar tudo em dias. Não vamos nos esquecer do detalhe de que, no caso, o palco era feito de gelo.

Produzimos tudo de novo, de acordo com o projeto original, enquanto tentávamos que o desembaraço alfandegário fosse transferido para São Paulo. Isso nos renderia um tempo valioso.

Conseguimos! E com o desembaraço feito aqui perto, poderíamos usar parte da estrutura original sem a necessidade de desenvolver os similares por aqui. Porta do excesso de confiança destrancada.

Na chegada a São Paulo, o comboio ficou preso em um engarrafamento monstro. Pois é. Nossa adrenalina foi tanta que não consideramos o óbvio: o trânsito da cidade.

Perdemos mais um dia. Resultado: tivemos que terminar de montar o evento poucas horas antes do espetáculo. O show estava marcado para começar às 15 horas e o comboio chegou às 14 horas. Uma hora para fazer o trabalho de um dia, com o detalhe da chegada do público ao local. Milhares de pessoas tomadas pela expectativa, ansiosas para entrar.

Pensa em uma pressão.

Pegamos os equipamentos e materiais e começamos a montagem da cortina cenográfica gigante em poucos minutos. Organizamos a cenografia do espetáculo, vestimos os figurinos nos artistas. Enquanto isso acontecia, as pessoas já estavam entrando.

Até que ouvi o "estamos prontos" anunciado pelo diretor internacional do espetáculo. Meu alívio foi tão grande que peguei o microfone antes do mestre de cerimônias e dei as boas-vindas ao público: o show vai começar!

No fim deu tudo certo, mas não consideramos isso como vitória, e sim como um alerta para não deixar mais as portas abertas.

DEVORE FURACÕES E TEMPESTADES

Por mais que minimizemos as possibilidades, não há risco zero. Tudo, em todos os aspectos da vida, envolve riscos. Se andamos, podemos cair. Se mudamos algo, podemos errar. Se investimos, podemos perder.

O veneno que não mata é vacina.

Incontrolável: a ordem do caos
@marceloflores1

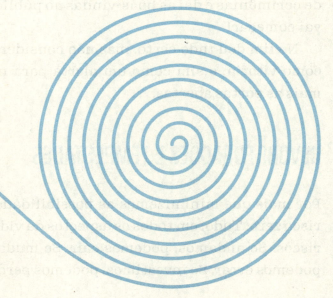

O risco nos coloca em constante vulnerabilidade, e poucas coisas incomodam tanto quanto sentir-se vulnerável. E, para completar, as grandes transformações pelas quais o mundo vem passando nos últimos tempos colaboram, e muito, para que nos vejamos em condição de fragilidade e completa exposição. É pandemia, violência, intolerância, cisões sociais e políticas, fenômenos climáticos extremos... Tudo isso e mais um tanto.

Muita gente me pergunta qual o motivo para realizar ou frequentar eventos ao ar livre diante desse cenário completamente intimidador. Aí penso que a pergunta não se aplica apenas aos eventos, mas a tudo.

Por que continuar saindo, socializando, trabalhando, praticando esportes, levando o cachorro para passear? Enfim, por que continuar levando uma vida até então considerada normal, quando os riscos se multiplicam em quantidade e tamanho?

Bem, considerando que mesmo que a gente se tranque em casa com uma armadura de aço jamais estaremos isentos dos riscos, devolvo novamente a pergunta: "Por que não?".

Respeitar o incontrolável não tem nada a ver com apequenar a vida para se proteger. Repito: nada garante que estaremos inteiramente protegidos.

O que tenho notado, principalmente depois da pandemia, é uma postura retroativa de alguns profissionais, que partem do princípio de que, agora, nada vai dar certo.

Evento ao ar livre? Vai chover, vai nevar, vai ter briga, as pessoas vão passar... Evento fechado? Tem covid, aglomeração, ninguém vai querer, não vai ter patrocínio. Evento com venda de ingressos? Mas e a crise? E o retorno? E o ROI?[14] Vai flopar!

Uma coisa é dimensionar um Mapa do Caos e fazer a gestão de riscos, outra é criar esconderijos paralisantes e achar que isso cria uma bolha de imunidade.

Vejo esse comportamento acontecendo de maneira ampla não apenas entre os patrocinadores: profissionais de todas as áreas envolvidas na produção de eventos parecem ter sido afetados, em maior ou menor escala. Gente que durante a pandemia chegou até a descumprir as determinações de isolamento para produzir eventos sorrateiramente, alegando justos motivos relacionados à sobrevivência, agora derrubam ideias criativas e experiências inovadoras partindo do princípio de que tudo vai dar errado. Tudo é arriscado.

Isso me instigou a amplificar um bocado dessa percepção. Desvio o foco dos eventos para uma panorâmica capaz de englobar outros aspectos da vida. Notei que meus alunos se queixavam constantemente de que tudo andava assim, meio com a roda presa. Um pessimismo geral grassando sob aquela pretensa euforia pela volta ao normal.

---

[14] Sigla para Retorno sobre o Investimento (ou, em inglês, *Return on Investment*), métrica também conhecida como taxa de retorno. (N. E.)

Será que esse medo de tudo e essa desconexão com a ousadia fazem parte do novo normal? Talvez em algum momento estudiosos comportamentais corroborem essa minha percepção. Talvez isso nunca seja observado como algo relevante, uma vez que as mudanças são, de certa maneira, sutis e camufladas pelas ondas de euforia que lotam festivais, baladas, festas e encontros.

Mas que tem uma nuvenzinha metafórica bem cinza e carregada de raios nos seguindo para lá e para cá, ah, isso tem...

Para meus alunos, desenvolvi uma técnica que tem ajudado bastante na hora de neutralizar esse efeito "uruca" que atrapalha e, certamente, acaba tirando o brilho dos nossos projetos. Ainda não dei um nome específico a ela, mas que tal resolver isso agora? Vamos chamá-la de Vacina Anticaos (VAC). Que tal?

É, eu sei. O nome pode até ter seu valor funcional, mas em termos de criatividade...

Mas vamos à técnica.

Primeira etapa: projeto território livre e fértil

Se você tem uma ideia, uma missão, um desejo, um briefing, não caia na tentação de inviabilizar tudo antes mesmo de transformar em projeto. Trace os tempos e movimentos, construa uma narrativa organizando as ideias. Dê espaço no seu projeto às inovações e experiências criativas, sem medo de ser feliz. Seu grande desafio será não dar ouvidos à "uruca" que grita na sua cabeça que nada vai dar certo.

Segunda etapa: faça uma matriz de risco usando o Mapa do Caos

Sabe o Mapa do Caos do qual falamos antes? Pois então, já sabemos que para construí-lo é necessário um processo de base logo depois da elaboração do projeto.

O lance nessa etapa é definir quais medidas de contingência devem ser anexadas ao projeto e analisar passo a passo cada tempo e movimento do evento para ponderar sobre as seguintes questões:

- Aqui (neste local/momento) o que pode acontecer de errado?
- Quais recursos eu tenho/preciso para evitar esse problema?
- Como esses riscos e suas soluções impactam no cronograma e nos custos do evento?
- Classifique os riscos mapeados pelo grau de impacto. Ou seja: qual a escala de riscos que mais pode prejudicar o evento e a experiência das pessoas (do maior para o menor)?

Terceira etapa: faça um plano para mitigar riscos

Com base nas respostas para a lista anterior, distribua os recursos do evento para garantir que as necessidades de contingência sejam aplicadas, sem extrapolar o que você tem disponível de dinheiro, equipe e estrutura.

Considere sempre direcionar o maior volume de recursos aos riscos mais prováveis e aos mais graves. Dessa maneira será possível cobrir todos os pontos mapeados sem inflar o evento. Se, por acaso, alguns pontos ficarem descobertos pela limitação de recursos, você terá certeza de que eles não são os mais importantes e, assim, poderá simplesmente eliminá-los com tranquilidade, sem sacrificar a essência do que foi planejado.

É simples e muito eficiente.

Mas o melhor da história é que você não precisa ser um produtor de eventos para aproveitar essa técnica. Nela cabem todos os nossos planos e projetos.

Experimente esse método que te ajuda a devorar os furacões e tempestades que surgem pelo caminho, sem nunca perder o rumo: sempre em frente!

SÓ ENTRE NÓS E A TORCIDA DO CORINTHIANS

Como falamos, o ser humano odeia a vulnerabilidade e tem um alto grau de desconforto quando não tem controle de uma situação, seja ela pessoal ou profissional.

A melhor recomendação é sempre se preparar para os desafios. É preciso derrubar as vulnerabilidades pouco a pouco, até se sentir no controle da situação. De modo prático, isso se chama preparo e treino.

> **O treino faz com que nossos atos sejam automáticos e eficientes. Quando alcançamos esse status, estamos prontos para o que der e vier.**

Ser maratonista, por exemplo, só é possível quando você se prepara e treina muito para enfrentar seus limites em uma prova de 42,195 km. A minha primeira maratona foi em Nova York, uma das "World Marathon Major", como são conhecidas as maiores maratonas do mundo. Atualmente, são sete as mais reconhecidas, e NYC é a mais difícil delas, por conta das inúmeras subidas que desgastam muito os atletas. Logo, treinar o corpo e a mente para essa maratona é uma jornada.

Eu uso essa referência para tudo, pois planejar e realizar megaeventos não é uma corrida de 100 metros, e sim uma maratona.

Um dos megaeventos de que participei foi o centenário do Corinthians, no centro de São Paulo, em 2010. O time com uma das maiores torcidas do país queria festejar a importante data com um briefing claro: fazer uma festa no centro de São Paulo, no Vale do Anhangabaú, para 25 mil pessoas.

Eventos abertos e democráticos são regados a imprevistos. Você planeja e aprova o projeto com uma capacidade e pode ter surpresas, pois o público previsto pode aumentar de acordo as atrações.

O meu treino em megaeventos sempre me permitiu definir melhor essas demandas e montar planos de contingência que usassem a matriz de risco de modo a gerenciar situações incontroláveis. Mas, poucos dias antes, os dirigentes do time resolveram fazer uma entrevista no *Jornal Nacional* com o Ronaldo Fenômeno e anunciar que na festa celebrariam o centenário e a conquista do novo estádio do time, que estaria pronto para a Copa do Mundo de 2014. A chamada foi: quem é torcedor e ama o time venha para a festa no Vale do Anhangabaú.

Aquele anúncio surpreendente era dinamite pura, capaz de elevar o público a números muito maiores que o planejado. Se estivéssemos prontos para receber apenas 25 mil pessoas e surgissem quatro vezes mais pessoas, seria impossível controlar ou gerenciar a multidão em caso de um problema de grandes proporções, pois toda a estrutura estaria dimensionada de maneira errada e o risco de segurança seria enorme.

Fizemos uma reunião de emergência com os dirigentes do time e explicamos que não seria possível seguir com um plano subdimensionado, então essa mudança envolveria um investimento maior, para podermos atender mais de 100 mil pessoas, caso elas viessem para o evento – que ainda tinha a possível participação do presidente da República, o que tornou o projeto ainda mais desafiador.

Ter um planejamento de gestão de risco foi fundamental. Sabíamos o que fazer em cada etapa dos problemas caso eles acontecessem, sempre alinhados com as forças de segurança pública. O evento recebeu 150 mil pessoas.

Tudo acontecia com uma vistoria rigorosa de um centro de segurança onde, além de nossa equipe, tínhamos dois coronéis que estavam de prontidão, inclusive e se necessário com uso da força do Grupo de Choque, especializado em controlar e dispersar multidões.

O preparo foi fundamental. Muitos problemas que estavam no planejamento de risco aconteceram e as respostas foram realizadas com eficiência. Estávamos preparados, e isso foi de fundamental importância, porque não podíamos parar as ações incontroláveis da multidão, mas sabíamos o que fazer a cada situação.

O evento tinha uma carga de nervosismo muito alta, tanto que, ao final, recebi uma ordem direta de um dos coronéis: "Marcelo, você está com uma bomba atômica nas mãos. Desligue imediatamente e vamos fazer o nosso trabalho de levar o público com segurança para suas residências".

O coração estava como no final de uma maratona, batendo acelerado e exausto, então pedi ao mestre de cerimônias para encerrar e assim finalizamos o evento. A carga de responsabilidade era tão grande que senti um peso enorme saindo das costas ao realizar o *"grand finale"*. Ufa!

Concentre-se no que pode controlar, mas prepare-se para o que não pode.

Incontrolável: a ordem do caos
@marceloflores1

Capítulo 7

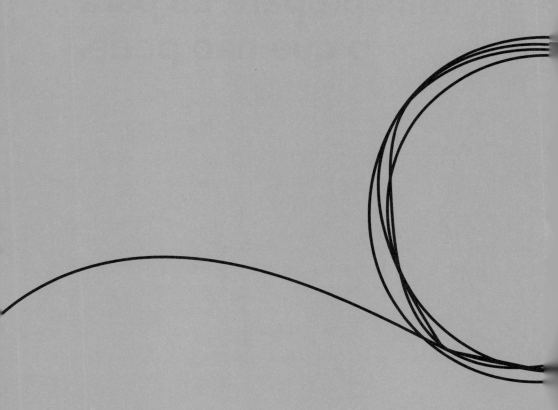

Passo 4 – Para um mundo líquido, pessoas *flex*

Não lembro quantos anos eu tinha, tampouco recordo o motivo que levou minha família a fazer uma viagem para o interior de São Paulo. Talvez fosse para o casamento de algum conhecido. As únicas lembranças cristalinas que trago da ocasião é que aconteceu na última semana de férias escolares e eu não estava nada satisfeito. Afinal, desperdiçaria o valioso tempo que me restava de liberdade e brincadeiras sem hora para acabar em uma viagem sem praia e sem meus amigos.

Cheguei emburrado, decidido a odiar a tudo e a todos. Só pensava que, enquanto eu estava lá, boiando no meio de um monte de adultos, meus amigos estavam se divertindo.

Na escala de problemas que eu tinha na época, perder a última semana de férias estava no mesmo patamar da explosão de uma bomba em cima da minha cabeça. Um transtorno gigantesco, que era menor apenas do que a volta às aulas em poucos dias. Leia-se: acordar cedo, perder os desenhos que passavam de manhã na tevê, ter tarefas para fazer à tarde e dormir cedo todos os dias.

Gente, vamos combinar: por mais perrengues e boletos que a vida nos apresente, essa rotina de escola não é brincadeira. Literalmente.

Voltando a tal viagem, estava na cara a minha contrariedade, e por isso os adultos faziam de tudo para tentar me agradar. Em uma dessas tentativas, um dos amigos dos meus pais teve a ideia de irmos tomar um sorvete na praça. No começo eu quis me fazer de difícil, mas quem resiste a um sorvetinho naquele calor que faz no interior?

Definidos os sabores do meu "turbovete" de quatro bolas, fomos sentar na praça buscando a sombra perfeita para a batalha contra a majestosa torre de sorvete.

Estava bem legal. O amigo do meu pai era um senhorzinho que já devia beirar os 36 anos (risos). O papo estava bom; o sorvetão, melhor ainda. Finalmente baixei as armas e assumi que estava me divertindo.

Mas o ápice foi quando ouvi o ronco de um motor que mais parecia uma orquestra afinada vindo da rua em frente à praça.

Olhei por cima do sorvete, que já estava pela metade, e meus olhos faiscaram diante da visão de um carro maravilhoso, novinho em folha, reluzindo no formato de um torpedo.

Atento à minha reação, o amigo do meu pai foi mais rápido do que minha curiosidade:

— É um Maverick. O único da cidade.

— Quando eu crescer vou ter um desse! - respondi, sonhando alto.

— Vai, sim, Marcelo. Mas sabe como ele conseguiu ter uma máquina dessas?

— Não. Como?

— Ele passou no concurso do Banco do Brasil. Não tem que se preocupar com mais nada nessa vida.

— Nada, nada?

— Nada.

— Nunca mais vai ter que estudar?

— Nunca mais.

Aquela conversa e aquele Maverick mexeram comigo. Passei o restante das férias querendo que as aulas chegassem logo para que eu pudesse estudar muito, prestar um concurso e ter meu Maverick.

Décadas depois, as coisas não foram bem assim. Minha inquietude me levou para longe dos concursos, a carreira que escolhi não tem nada a ver com estabilidade e, quando consegui comprar o carro dos meus sonhos, ele não tinha nada a ver com aquele Maverick. Em pouco mais de duas décadas, tudo mudou. E, hoje, as grandes mudanças não precisam mais de anos para acontecer. Elas acontecem do dia para a noite, em um ritmo vertiginoso, alucinante.

> **As coisas que fazem sentido hoje, amanhã já serão outras. O mundo nunca foi tão líquido, nunca nos surpreendeu tanto, nunca exigiu tanto da nossa capacidade de renovação.**

Daquele episódio na praça, apenas um ponto continua a fazer sentido: estudar, aprender muito, buscar novos conhecimentos, acompanhar a tecnologia em sua viagem na velocidade da luz. E mais: é necessário conhecer tudo. Abrir o radar mental para absorver cada gota de um mar de conhecimentos.

Esse é um fato que não diz respeito apenas à área na qual atuo. Tem a ver com a evolução humana e a capacidade de se desenvolver, preparando-se para demandas múltiplas. Esse é um caminho sem volta.

> **Essa é minha teoria do Maverick. Ele continua lindo e segue brilhando nas coleções de carros antigos, mas, para ser competitivo nos dias líquidos nos quais vivemos, o mínimo que ele precisaria era ser *flex*.**

Os megaeventos são verdadeiras lições de vida, repletos de acertos, erros e aprendizados valiosos. Mas, acima de tudo, exigem que, além de colocar em prática toda gama de conhecimentos adquiridos ao longo da vida (e no dia anterior), a gente tenha segurança para controlar a flexibilidade mental.

Um dos exemplos mais significativos de que devemos transformar a nossa flexibilidade de absorver conhecimentos em uma atitude mental aconteceu em um evento de carnaval de rua chamado Repique. O Carnaval é a celebração mais vibrante do Brasil, um evento que renova o espírito festivo dos brasileiros a cada ano. Ele é capaz de envolver todos em uma atmosfera de alegria e união.

Ao longo dos anos, tive a honra de contribuir para a realização de inúmeras edições dessa festa. Atuei em carnavais de rua, sambódromos e camarotes icônicos nas principais cidades do país.

O Repique foi organizado para uma marca e planejado para acolher 15 mil pessoas em praça pública, em frente à prefeitura.

Eventos públicos realmente são desafiadores pela gama de necessidades diferentes, que exigem dos profissionais muito preparo e "multiconhecimentos". Eu sabia que minha equipe era dessas: profissionais de altíssimo nível, atualizados, apaixonados pelo que fazem e, principalmente, muito tarimbados.

Apesar dessa bagagem, um evento daquele nos coloca à prova. Percebi que minha equipe estava apreensiva, com medo de tomar decisões e pisando em ovos diante de posicionamentos absolutamente fundamentais. Esse tipo de estado de espírito é perigoso e pode colocar tudo a perder, não importa o quão qualificado seja o time.

Para resolver a situação, tive que apelar para uma abordagem prática e efetiva: chamei toda a equipe para uma reunião e, quando todos imaginavam que faríamos mais uma checagem de pontos de contato do evento, abordei um por um perguntando quais conhecimentos foram adquiridos durante o último ano de trabalho.

Eles acharam estranho, mas aos poucos se soltaram e liberaram as lembranças de tudo o que aprenderam em doze meses.

No final do relato, todos estavam pasmos. Primeiro pela variedade de conhecimentos reunidos naquela sala. Depois, porque eles não faziam ideia do tamanho do repertório de novas experiências que tinham. Aí só precisei contextualizar afirmando que um time que soma tantas bagagens não tem nada a temer e que aquele evento nada mais era do que outra oportunidade para ampliar esse repertório de capacidades.

Pedi a todos que trocassem o medo pela confiança e a preocupação pela alegria. Afinal, nosso propósito maior naquele evento era justamente alegrar as pessoas. E estávamos mais do que preparados para isso.

Poucas vezes vi um evento seguir tão perfeito. Nossa felicidade na operação e a felicidade das pessoas que participaram foi o que se pode afirmar como química perfeita.

Contei essa história para lembrar que não adianta ser *flex*, se você não sabe que é isso.

Nunca uma frase de Mahatma Gandhi, que adoro, coube tão bem quanto nesses dias que vivemos: "Aprenda como se você fosse viver para sempre".[15]

---

[15] GANDHI, M. **Viva como se fosse morrer amanhã...** Disponível em: www.pensador.com/frase/NTIyNDQ4/. Acesso em: 18 nov. 2024.

DOMINE O ESTRESSE

Trabalhar sempre envolve estresse. Aliás, viver envolve estresse.

Mas quem está no mercado de eventos sabe que essa área, historicamente, faz parte das atividades que mais causam desgaste emocional. E, para nós, os pontos de intenso estresse funcionam como uma bifurcação que aponta para caminhos distintos: de um lado, está a realização pessoal e profissional; do outro, a completa insanidade que nos acomete e arrasta tudo e todos à nossa volta.

Não foram poucas as vezes que vi profissionais experientes entrarem em estado de surto. Pessoas que simplesmente desligaram, um abalo emocional tão grande que as colocou em um estado quase vegetativo, pois desaprenderam a falar, a comer, a se relacionar. Precisaram de anos de tratamento para voltar ao normal.

Não esqueço a história de um amigo que agonizou por mais de seis meses com uma crise de asma. Ele fez todos os tratamentos, exames e terapias possíveis e nada o fazia voltar a respirar. Não conseguia mais trabalhar nem descansar; sua vida limitava-se a buscar o ar para sentir uma respiração completa, satisfatória, daquelas que a gente sente o pulmão feliz, pleno de oxigênio. O simples ato de respirar bem, algo que fazemos o tempo todo sem notar, era a única coisa que ele queria na vida.

Lembro que, quando esgotaram as possibilidades de exames e remédios, meu amigo procurou um hospital de referência que contava com uma equipe especializada em doenças respiratórias. Nenhum plano de saúde, nem mesmo os mais caros, cobria o tratamento, e ele quase precisou vender um rim para fazê-lo. Foi atendido pelos maiores especialistas do Brasil e, no final, continuava sem respirar.

Depois disso, ele me confidenciou que tinha certeza de que morreria, pois tinha uma doença desconhecida que nenhum médico diagnosticava e nenhum remédio resolvia. Foi quando alguém lhe entregou o cartão de um médico que atendia nas proximidades do hospital São Paulo. Sem esperança alguma, ele marcou horário e levou uma tonelada de exames que já havia feito.

O consultório era pequeno; os móveis, antigos; e o médico, lá pelos oitenta e muitos anos, lembrava os médicos de família de antigamente. Olhou os exames, pediu a ele para tossir e assoviar, falar algumas palavras.

Meu amigo só conseguia imaginar quanto tempo estava perdendo naquele lugar. No final da consulta, o médico disse, simplesmente, que não tinha nada de errado com sua saúde pulmonar. O que ele tinha era uma crise de estresse tão grande que havia esquecido como respirar. Em vez de puxar e expelir o ar, ele só estava puxando, então o pulmão não esvaziava e não deixava espaço para o ar fresco entrar.

Terapia, alguns remédios e ioga deixaram meu amigo novinho em folha. Mas essa experiência fez que ele repensasse toda sua vida.

Quer dizer, então, que manter uma vida antiestresse é a chave da felicidade? Não.

Estudos recentes apontam que o estresse pode ser nosso grande aliado, pois estimula a produção de hormônios, aumenta a nossa resistência à dor e nos deixa mais concentrados e corajosos.

Mas e aí? Estresse é bom ou ruim?

> **Lembram-se da bifurcação? Pois é, o estresse pode ser tanto bom quanto ruim. O que faz diferença é aprender a identificá-lo e controlá-lo.**

Acredito que existem duas formas negativas de estresse. A primeira é aquela que gera um destempero e faz que as pessoas extravasem de modo violento, com berros, murros na mesa e desespero. A outra é o contrário e faz que as pessoas se encolham, se fechem, engulam silenciosamente as tensões e passem a ruminá-las de maneira contínua.

De um jeito ou de outro, essas formas de viver o estresse nos transformam em bombas-relógio, só que sem hora para explodir.

A solução para encontrar o ponto de equilíbrio começa com a aceitação de que é impossível eliminar o estresse das nossas vidas. Já vimos muitos monges perderem a cabeça a ponto de sair no braço, então ninguém é 100% zen.

Aceitar que somos seres "estressáveis" ajuda a identificar o grau de estresse que nos acomete. Certamente uma boa rotina de terapia vai nos ajudar a assumir o controle e manter nossos níveis de estresse em parâmetros saudáveis. Eu, particularmente, desenvolvi o método da não negatividade, ou estresse motivacional.

É muito simples. Mas não é fácil nem imediato.

Analisando os profissionais da minha área, suas reações sob estresse intenso e os tipos de "panes" que os acometeram em uma crise desse porte, identifiquei que tenho uma tendência maior a explodir do que me recolher. Meu jeito de lidar é deixar que a explosão venha e me ajude a extravasar. Porém, em vez de xingar, maldizer, humilhar e brigar, busco ideias motivadoras para verbalizar. É como sentir uma vontade imensa de xingar alguém mas libertar palavras positivas.

Deu vontade de esculachar o colega que fez besteira? Troque o "PQP" que está na ponta da língua por algo mais construtivo, como um: "Bora fazer de novo!".

Funciona demais para mim. Me alivia e, melhor, não dissemina um clima ruim que acaba contagiando a todos.

Tenho certeza de que cada pessoa tem um método ideal que precisa ser encontrado para fazer do estresse um aliado e não um algoz.

> **Se viver sem estresse é impossível, aprender a controlá-lo é fundamental.**

Logo que comecei a dar aulas na ESPM, um aluno me perguntou qual evento foi o mais estressante da minha carreira.

Definir o evento mais "pilhado" deveria ser uma tarefa difícil. Afinal, todo evento, seja ele pequeno ou mega, envolve altíssimos níveis de estresse. Porém, nem precisei pensar para responder: o evento mais nervoso foi de longe o Réveillon de 2011 para 2012. O motivo é simples: em vez de produzir apenas a festa da Paulista, como estava acostumado, a agenda daquele ano envolveu a gestão de quatro eventos simultâneos. Quatro réveillons que, obviamente, aconteceriam na mesma hora, em diferentes pontos e que reuniriam um público total de três milhões de pessoas: Avenida Paulista, Guarapiranga, Recife e Belo Horizonte.

Minha equipe foi cuidadosamente dividida em quatro frentes de trabalho. Apesar de ter profissionais tarimbados e de extrema confiança liderando cada frente, eu sabia que minha ausência em três das festas elevaria o patamar da tensão, uma vez que eu não estaria ali, em tempo real, para ajudar nas decisões quando o incontrolável desse as caras.

E não era uma questão de "se" ou "caso" os problemas acontecessem. Os problemas iriam acontecer, pois não há eventos sem sufocos e contratempos.

Durante as montagens, fiquei revezando entre os diferentes lugares em uma maratona insana. Era fundamental estar presente, familiarizado com cada espaço e colocando a mão na massa para entender cada detalhe.

Na noite do Ano-Novo, fiquei na Avenida Paulista por conta de a operação ser mais complexa, mas estava o tempo todo em contato com as demais frentes. Mal as pessoas começaram a chegar nos locais e os pepinos explodiram por todos os lados. Tempestade em Belo Horizonte com equipamentos avariados, problema com estrutura em Recife, equipamentos que não funcionavam em Guarapiranga, atrasos de artistas na Paulista... Foi assim em um crescente.

Notei que as equipes estavam reticentes em tomar a frente das soluções. No auge das encrencas, em um ponto em que, se a coisa desandasse, não haveria mais salvação, senti como se meu sangue estivesse talhando dentro do corpo.

Chamei os líderes para um *call*. Sob efeito do estresse, meu primeiro impulso foi explodir feito uma bomba com a equipe por estarem tão inseguros quanto a tomada de decisões.

No início do *call*, o silêncio era desconcertante. Dava para imaginar cada um deles encolhendo os ombros, preparando-se para um destempero inédito de minha parte.

Esforcei-me para que minha voz não denotasse descontrole, tampouco uma calma forçada e paralisante.

Chamando-os nome a nome, fui lembrando dos detalhes de cada local e que havíamos chegado juntos na montagem e, a partir daí, poderíamos desenhar as soluções. Aos poucos, senti que o tom de voz das pessoas começou a se ajustar com o meu. Foram ganhando confiança para propor soluções.

Aos poucos aquela nuvem de problemas se dissipou. Ao longo das festas, outras ocorrências pipocaram, mas nem de longe a ponto de gerar uma paralisação total por conta do estresse.

Sim, o ano dos quatro réveillons me marcou como o mais tenso da minha carreira, mas todo o estresse também fez daquele dia um dos mais gratificantes da minha vida.

MERGULHE NO METAVERSO E NO INVERSO

Fico imaginando como serão os livros de história no futuro. Quando eu estava na escola, era possível, por meio dessas obras, acompanhar a evolução gradativa da jornada humana.

Cada século, cada década, trazem grandes revoluções tecnológicas, científicas e comportamentais que mudaram a vida na Terra. Mas por maior que tenha sido o impacto de cada revolução, a história vista pela linha do tempo dos livros mostra que tudo isso foi gradual em relação tanto ao período temporal quanto aos impactos e seus desdobramentos.

Mas como nossa época será narrada nos futuros livros de história? A vertigem provocada pela disseminação da internet já transforma qualquer linha do tempo em um redemoinho que nos arrebata em velocidade alucinante. De uma hora para outra, nossa vida passou a ser igual à dos *Jetsons*.[16] Isso sem falar no efeito do isolamento que, em menos de três anos, provocou o que era esperado para uma década em termos de avanços no comportamento digital, sem distinção de idade, poder aquisitivo e geolocalização.

Tudo isso acarretou uma mudança comportamental espetacular. Até mesmo as gerações mais velhas, que nasceram e cresceram sem a influência da internet, renderam-se às facilidades das redes sociais, dos apps e das plataformas de comunicação.

Por outro lado, os nativos digitais, aqueles que nunca conheceram o mundo sem a internet, chegam ao mercado de trabalho para dar um nó na cabeça dos RHs e em todos os conceitos que estavam estabelecidos.

Lembro que, há poucos anos, já cumpria uma rotina de reuniões virtuais com uma empresa holandesa da qual éramos parceiros na realização da edição brasileira de um megafestival de música eletrônica. Era, para mim, normal. Porém, isso estava completamente fora de cogitação com os clientes em São Paulo e no Brasil em geral.

---

[16] Desenho animado criado pelo estúdio Hanna-Barbera. (N.E.)

Nessa época, a única vez que sugeri a um cliente fazer uma reunião on-line, em um daqueles finais de dia tempestuosos típicos do verão paulistano, ele simplesmente riu como se eu tivesse feito uma piada. Reunião tinha que ser olho no olho, cara a cara, fosse para fechar um grande contrato ou tomar um cafezinho, independentemente de o encontro custar, no mínimo, quatro ou cinco horas perdidas no trânsito.

Se havia dúvidas, hoje é inquestionável que as gerações pré-internet precisam acompanhar essa evolução e saber circular no metaverso, pagar e receber com criptos, investir e produzir conteúdo com NFTs, comprar ingressos para viagens virtuais (e reais) pelo espaço sideral. Esse papo de que "no meu tempo era melhor" nunca esteve tão ultrapassado. E, não, isso não quer dizer que as coisas eram piores, apenas diferentes.

> **Enquanto estivermos aqui, o nosso melhor será sempre o hoje. Tudo o que vivemos e aprendemos deve ser usado para aperfeiçoar o novo, e não para contrapor-se a ele.**

E o caminho inverso é tão necessário quanto. Por maiores que sejam as vantagens do mundo digital, as novas gerações só terão a perder se não buscarem dominar as habilidades básicas que, ao longo do tempo, ajudaram a estimular nossa criatividade e raciocínio, nos capacitando a chegar até aqui e ir além.

A mente humana precisa de determinados estímulos e exercícios. Parece lógico que a inteligência artificial precisa da nossa inteligência natural para evoluir, se complementar e produzir resultados que nos satisfaçam plenamente para ir além.

O mergulho no inverso é simples, fácil e muito importante. Quem está chegando agora precisa ter em mente que certas coisas do passado ajudam a fazer a diferença no futuro.

Que tal cultivar velhos hábitos que todos sabem que são supersaudáveis para a mente e para a saúde social? Escrever à mão às vezes, aprender a desenhar e tocar um instrumento, entender a linguagem da arte, conhecer os gênios da humanidade, ler um clássico, descobrir como eram os processos criativos de antigamente. Enfim, manter o contato com o inverso do metaverso é um diferencial valioso e fundamental.

O avanço da tecnologia é incontrolável, e não devemos ignorar o que isso significa na vida de todos nós. Mas manter a soberania criativa e inteligente sobre as máquinas é o que nos faz realmente especiais e relevantes. E, nesse ponto, temos total controle. Basta querer.

Quem trabalha com eventos sabe que a pandemia chacoalhou a nossa vida profissional. Todos os conhecimentos, todas as certezas, todas as ferramentas... Em um piscar de olhos o incontrolável controlou nossa vida e roubou nosso ganha-pão. Acredito que a paralisia só não foi mais efetiva porque era uma questão de sobrevivência, literalmente.

E foi nesse momento que senti, como nunca, a diferença que estar em conexão produtiva com o mundo virtual fez o maior sentido. As experiências de trabalho que, pouco tempo antes, me obrigaram a assimilar novos formatos de ação e atividades on-line me deram uma vantagem competitiva. Enquanto a maioria das pessoas tentava assimilar os novos formatos de trabalho, para mim a novidade não soava tão surpreendente.

Anos antes, a já comentada parceria com uma empresa europeia, dona dos maiores festivais de música eletrônica do mundo, me fez assimilar e digerir essa mistura do físico com o digital, por meio de reuniões virtuais, preparativos viabilizados pelo computador e experiências digitais mescladas com vivências reais. Por isso, quando os eventos digitais surgiram como uma tábua de salvação para trabalhos, projetos e vidas, eu e a Andrea (minha mulher, sócia e parceira de todas as horas) decidimos direcionar o foco da nossa empresa para a educação.

Assumimos a missão de, em uma velocidade espetacular, concentrar todos os nossos aprendizados em eventos físicos e os conhecimentos precoces em eventos digitais para criar um plano de aulas e treinamento cujo objetivo era preparar os profissionais do mercado para o cenário incontrolável resultante da pandemia.

Detalhes aparentemente insignificantes quando não exigidos de maneira efetiva tornam-se cruciais quando dependemos deles para viver e entregar nosso trabalho. Misturar os tempos do digital com os movimentos do real era um conhecimento que poucos dominavam naquele momento. E nós estávamos entre esses poucos.

Em um curto espaço de tempo, lançamos um curso on-line no qual revelamos tudo o que conhecíamos do universo dos eventos *phygital* (que mistura o físico com o digital) e, na velocidade necessária, conseguimos preparar um contingente de profissionais que, contra todas as expectativas, conseguiram encontrar caminhos para contornar o incontrolável e lançarem-se em um futuro que adiantou dez anos em três.

Nada disso seria possível se não tivéssemos aberto a mente para o futuro que ninguém acreditava ser tão urgente, sem abrir mão de toda história de aprendizado que nos prepara para o novo, sempre.

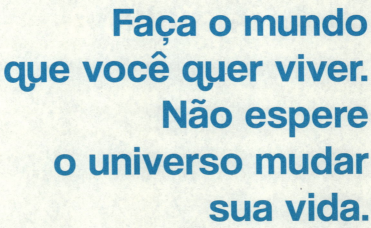

Faça o mundo que você quer viver. Não espere o universo mudar sua vida.

Incontrolável: a ordem do caos
@marceloflores1

Capítulo 8

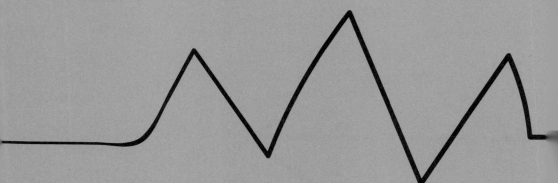

Cultive espinhos

→

Lembra quando o Harrison Ford viralizou ao brincar que a trilha de *Indiana Jones* o persegue a todo momento?[17] Não importa o lugar em que esteja ou o que faça; alguém sempre dá um jeito de tocar a música e fazer uma piadinha.

Consideradas as proporções, entendo bem o que ele quis dizer. Quem, como eu, tem o sobrenome Flores certamente também entende. Piadinhas mais comuns: "Ah, mas pro Marcelo tudo são flores", "Marcelo, na sua vida só tem flores", "A vida do Marcelo é um jardim, cheio de flores".

Olha, dou graças diariamente por ter uma vida que considero bem florida, sim. Mas o que ninguém considera é que antes das flores vêm os espinhos.

Imagine só alguém me dizer: "Mostre os espinhos aí, Marcelo Flores".

---

[17] HARRISON Ford diz que música tema de Indiana Jones o persegue. **Folha de S. Paulo**, 10 jun. 2016. Disponível em: https://f5.folha.uol.com.br/celebridades/2016/06/10002536-harrison-ford-diz-que-musica-tema-de-indiana-jones-o-persegue.shtml. Acesso em: 21 nov. 2024.

Tenho certeza de que muita gente já pensou em mandar essa metáfora e desistiu imaginando que não vou achar legal. Mas é o contrário, pois também tenho muito orgulho dos espinhos da vida. Sou igualmente grato por cada um deles. Os espinhos, que padecem de significado metafórico tão negativo, são parte fundamental para que tudo em nós cresça e floresça.

> **Uma das primeiras coisas que o trabalho me ensinou foi não reclamar nem renegar as dificuldades, os tombos, os erros, as incontáveis situações espinhosas que fazem parte da produção de um evento.**

Diferentemente de outras profissões, nas quais os obstáculos são relativamente previsíveis, fazer um evento nos atira ao desconhecido, ao inesperado. Vocês se lembram da parte em que falamos do vulcão? Pois é, isso mostra a variedade de desafios pelos quais passamos – sem falar nas derrotas, pequenas ou grandes, que vamos acumulando pelo caminho.

Fazer a gestão de um evento exige que controlemos aspectos que vão desde a qualidade dos ingredientes do canapé de um coquetel até a administração do fluxo de milhões de reais entre recebíveis e pagáveis. No meio disso, é impossível que tudo dê certo o tempo todo, principalmente porque também é impossível centralizar todos os controles sem delegar responsabilidades e decisões a terceiros. Uma hora ou outra, o recheio do canapé não vai cair legal para os convidados e alguns dos milhões devidos não serão pagos conforme o combinado, e você precisará cumprir seus compromissos recorrendo ao próprio bolso.

As porradas são tantas e, muitas vezes, tão intensas que não há como não pensar em desistir e jogar tudo para o alto. Não há como não sentir um ímpeto de amaldiçoar a profissão, questionar as lutas e os propósitos de toda uma vida, duvidar do valor do caráter e da honestidade, achar que passou a odiar o trabalho pelo qual sempre foi apaixonado.

É aí que muita gente cede, por desgosto ou cansaço. E me desculpe por seguir com o trocadilho, mas essa pessoa nunca verá a vida florescer em um terreno.

Acho que toda carreira, toda profissão, tem uma lição para ensinar. Mas nesse mundo de eventos é tudo muito mais visceral. Um detalhe errado pode derrubar reputações construídas em décadas e transformar um lucro suado em prejuízo mil vezes maior.

A pandemia, mais uma vez, serve como exemplo. Profissionais experientes, organizados, repletos de sonhos e planos, acompanharam o mundo virar do avesso. Muitos tiveram que procurar "bicos" em outras áreas, outros ficaram à mercê da solidariedade alheia, que veio por meio de vaquinhas e cestas básicas.

Uma das coisas mais difíceis é persistir quando tudo começa a dar errado. Mas, acredite, você precisa continuar e confiar que a pancada de hoje deixará você com a casca mais grossa, com mais preparo para suportar a que virá amanhã.

Tento aprender ao máximo com cada derrota. Aprendo a rever conceitos, analisar pessoas, detectar perigos, perder o medo, reconhecer erros e dizer não quando necessário.

Cada aprendizado é um espinho. E digo mais: os espinhos não são belos, tampouco amistosos, mas têm uma razão de ser. São eles que protegem e garantem a existência das flores. Afinal, não haveria heróis se não existissem vilões. Essa máxima está na maioria dos manuais dos roteiristas de filmes por um motivo: o valor de um herói está na sua capacidade de vencer vilões combativos.

Note que na maioria das histórias o herói começa sempre em desvantagem diante da potência do vilão, sempre mais experiente e ardiloso, com a confiança de quem tem a seu favor a falta de compromisso com a ética que esperamos estar presente até mesmo nos combates mais viscerais.

Ao longo dos embates, encarando inimagináveis modos de ataque, o herói começa a se descobrir, ganha confiança, aprende a lidar e a dosar seus poderes.

Essas histórias são inspiradas em antigas mitologias, que recriam e perpetuam as metáforas da jornada da psique humana e suas batalhas internas.

Não vamos entrar em contextos filosóficos complexos aqui. O objetivo deste livro é o dia a dia. É nos fazer refletir e agir com relação aos estímulos cotidianos, que exigem respostas rápidas e diretas quando não há tempo para reflexões profundas. Mas é importante que exercitemos um pouco esse ponto de vista, para entendermos melhor nossas reações e limitações.

Na condição de narrativa mitológica e metafórica, as histórias de heróis reproduzem o conflito que acontece dentro da gente. Nessas fábulas da vida real, nossa mente desempenha o papel de herói e também de vilão.

É a luta constante da coragem contra o medo. Da confiança contra a insegurança. Da certeza contra o boicote. Da vontade em detrimento da preguiça e da vitória no lugar do derrotismo antecipado.

Toda dualidade que existe no mundo também está dentro da gente. E, assim como nos filmes, nosso herói interno só começará a vencer quando deixar de olhar o nosso vilão interno como inimigo e, em vez de deixar-se intimidar pelos seus ataques incontroláveis, usar toda potência contrária como meio de descobrir e fortalecer nossos poderes.

EM CASO DE EMERGÊNCIA, USE SUA KRIPTONITA

Existem lembranças que nos acompanham pela vida. Raramente paramos para pensar nelas, mas sabemos que estão vivas, gravadas na nossa memória.

Uma dessas lembranças crônicas mais significativas vem dos tempos primordiais da minha trajetória como profissional de eventos. Para ser mais exato, aconteceu quando me deparei pela primeira vez com um "cliente kriptonita". Eu era assistente de produção de um evento anual realizado por um cursinho pré-vestibular, no qual eu havia estudado por apenas um mês quando me preparava para entrar na faculdade. Não era uma marca significativa, bem longe disso, mas, para mim, naquele momento de vida, era a maior do mundo.

No vai e vem da rotina de produção, fui convocado para participar de uma reunião na qual estaria presente o diretor de marketing e eventos da marca cliente. Uau! Que salto aquilo representou para mim.

Durante a reunião foram discutidos vários assuntos. Senti vontade de me manifestar em inúmeros momentos, mas a insegurança era mais forte. Até que, no final da reunião, esse diretor apresentou um vídeo produzido para o cursinho e que eles queriam que fosse exibido no telão durante todo o evento.

Quando ele desligou a tevê depois de mostrar seu vídeo, vi que meus colegas e chefes estavam prestes a aplaudir a edição mequetrefe que mostrava os nomes dos alunos do cursinho, aprovados nas melhores faculdades do Brasil no ano anterior.

Depois de uma saraivada de elogios à produção e à grande sacada do diretor de marketing, ouviu-se uma voz que vinha na contramão do burburinho:

— Esse filme não pode ser exibido no evento.

Silêncio absoluto, até que meu chefe, suando frio, tomou a iniciativa de reagir:

— Não pode? Por que não pode, Marcelo?

Todos os olhares estavam colados em mim, emoldurados por expressões que iam do espanto ao deboche, passando pela raiva e pela indignação. Não tinha mais como voltar atrás, então continuei:

— Porque o que diz aí não é verdade. Meu nome apareceu entre os alunos que passaram no vestibular agora no final do ano. Então, não pode, porque já faz cinco anos que prestei vestibular. E não pode porque frequentei o cursinho por um mês apenas, então, tecnicamente, não sou um ex-aluno aprovado no vestibular por causa do cursinho.

Meu chefe, engolindo a espuma que o ódio fazia dentro dele, tratou de mudar de assunto para garantir que minhas considerações fossem sumariamente ignoradas.

Terminada a reunião, voltei ao meu posto de trabalho. Sabia que minha fala tinha incomodado a todos, mas não me senti mal com isso. Pelo contrário. Me senti um baita profissional, ético e zeloso da verdade.

Fui pegar um café na cozinha e adivinhe: dei de cara com o tal diretor de marketing.

Naquele tempo, as pessoas fumavam no lugar que bem entendessem, por isso componho com perfeição a imagem na minha lembrança. Ele estava encostado no balcão, com um copinho de café na sua frente, e travava uma batalha furiosa com um isqueiro que faiscava sem fazer o fogo para acender seu cigarro.

Olhou pelo canto dos olhos quando entrei. Enquanto eu aguardava a máquina de café encher meu copo, ele foi até o fogão, ligou uma chama, encostou o cigarro no fogo e assim ficou até surgir uma brasinha na ponta do seu *Hollywood*.

Foi nesse tempo entre ligar o fogão e acender o cigarro que ele me disse:

— Eu te observo faz tempo. Vou te dar um conselho para você não se decepcionar e nem chorar o tempo perdido.

Respondi com um "O quê?" automático, e ele continuou:

— Mude de ramo. Vai tentar ser outra coisa. Nesse ramo aqui de eventos você jamais será alguém. Não nasceu para estar aqui.

Sem mais palavras, ele virou as costas e saiu baforando a fumaça do cigarro.

Eu fiquei com uma tonelada de kriptonita enfiada goela abaixo. Foi como se o chão abrisse e drenasse minha energia, minha fé, meus sonhos. Saí de lá me sentindo um lixo.

Depois de alguns dias ruminando aquilo, um pensamento surgiu na minha cabeça e foi ganhando força até dominar tudo o que eu sentia: *Quem é esse cara para dizer que eu não nasci para trabalhar com eventos? Quem esse cara pensa que é para dizer que eu não tenho futuro?*

Bem, depois disso as coisas não aconteceram como nos filmes – no dia seguinte, não dei uma tacada certeira e me tornei o bambambã dos eventos. A jornada foi longa, pesada e tortuosa para conseguir estar aqui hoje, contando essa história. Mas uma coisa é certa:

mesmo que de modo inconsciente, transformei aquela kriptonita em vitamina. Uma vitamina que despertou meu apetite e me deu energia para vencer na profissão que amo e que abracei.

Acredito muito que aquelas palavras desferidas para me destruir são responsáveis por eu nunca desistir, por não me intimidar pelo incontrolável e querer alcançar tudo de bom que meu ofício pode oferecer.

Confesso que sempre que celebro alguma conquista significativa minha mente volta no tempo para encontrar o cara do cigarro e dizer: "E então? Quem é mesmo que não tinha futuro?".

Mas o que será que aconteceu com esse cara, hein? Bem, fui dar uma espiadinha nas redes sociais e vi que ele está lá, no mesmo lugar no qual o deixei décadas atrás.

> **A função de uma armadilha é capturar vítimas. Além disso ela não serve para nada.**

Capítulo 9

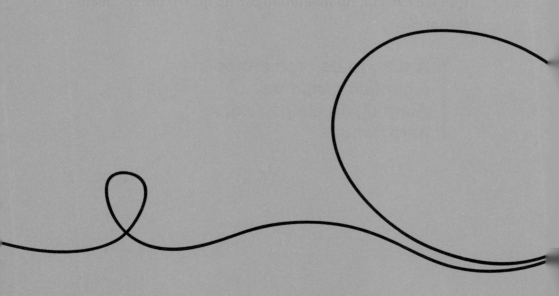

Prepare-se para a eterna batalha final

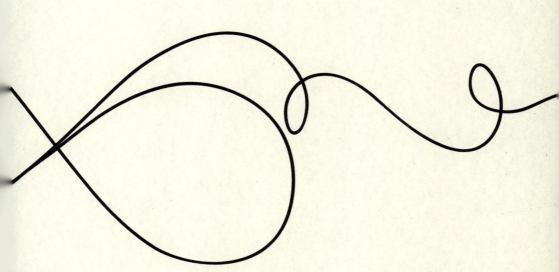

Segundo Einstein, existe uma força motriz mais poderosa que o vapor, a eletricidade e a energia atômica. Essa força é a vontade humana.[18]

O ser humano é impulsionado pela vontade de fazer diferentes coisas. É isso que move o mundo em todas as direções e no sentido da evolução.

Mas que brechas essa teoria deixa para mapear essas vontades tão intensas? O que nos impulsiona verdadeiramente? Dinheiro? Poder? Fama?

Pode ser nada disso e tudo isso.

Confesso que é complicado definir o que me move. Tem gente que é movida pela paixão pelo esporte, por música eletrônica... Mas o que dizer de mim, um cara que a cada evento se apaixona pelo seu tema? Esporte, moto, música eletrônica, Natal, rock, samba, funk, cultura pop, moda, automobilismo, futebol...

O que me move? Qual o meu tema nessa vida? Dinheiro? Claro que é bom. Aliás, é bom demais poder

---

[18] EINSTEIN, A. **Há uma força motriz mais poderosa que... Albert Einstein**. Disponível em: www.pensador.com/frase/MTQxMjEzMg/. Acesso em: 14 jan. 2025.

contabilizar retornos concretos e justos como retribuição pelo seu trabalho e dedicação. Mas é só isso que conta?

Não. Até porque, se eu fosse esperar enriquecer por conta de algum esporte ou pela música eletrônica, eu estaria lascado.

Poder? Não adianta negar, poder é bom. É gratificante exercer liderança. Mas de nada adiantaria ser um baita líder sem profissionais e parceiros qualificados e comprometidos ao meu redor.

Quanto à fama, também é ótimo. Nos proporciona sensações incríveis. Mas, vamos combinar, são tantos tipos de fama hoje em dia, e a maioria deles eu dispenso. Não valem a pena.

Depois de tantos anos experimentando sucessos, fracassos e a soma desses dois fatores em aprendizados, posso afirmar que o que me move é a essência do meu ofício. É entreter, encantar, fabricar lembranças e experiências memoráveis. Isso é o que me realiza.

O resultado: dinheiro, poder, fama. Essas coisas são apenas consequências da reputação construída.

> **Por isso este capítulo tem a função de lembrar a você que não há realização enquanto você não exercer a sua vocação.**

Esse é o outro lado do incontrolável. Nem diria que é o lado bom, apenas um lado simplesmente incontrolável.

Não adianta fugir, nem renegar e muito menos se fazer de besta. Enquanto você não aceitar o fator incontrolável da sua vocação, sua vida não estará completa, tampouco completará sua existência.

Se pudesse te dar um único conselho, seria este que escrevo agora: não fuja, não desista, não negocie suas vocações. Não vai adiantar. Exercer aquilo para o que você foi moldado por Deus, pela genética, pelo karma, pelo Dharma ou pelas encarnações não é simplesmente uma escolha: é a essência do que você é.

Abrace o que te realiza.

Não posso afirmar que, naturalmente, isso lhe trará dinheiro, poder ou fama. Mas uma coisa afirmo sem medo de errar: a força de nossa motivação vai cumprir um ciclo por aqui e o legado que deixaremos será a consequência das coisas que nos fazem felizes. Se não dermos fundamental atenção a nossas escolhas ou agirmos de maneira impulsiva ou negligente, o resultado poderá ser totalmente incontrolável.

A VERDADEIRA REFLEXÃO DE ANO NOVO

Liderar a realização de um megaevento por dezoito anos exige grande comprometimento e resiliência, o que gera uma necessidade de se reinventar com frequência.

Foram dezoito edições trabalhando na direção do Réveillon na Paulista, um evento com público de cerca de 2 milhões de pessoas, que, por definição, tinha surpresas e imprevisibilidades a todo o momento.

A cada ano, toda equipe reunida planejava a próxima edição – criação, conceito, estruturas, viabilidade econômica, demandas políticas e melhores práticas – com nosso famoso *backlog*, uma lista do que deu certo para manter e o que não deu certo para consertar.

Isso contagiava a equipe. Era fácil ver que todos eram incentivados a fazer o seu melhor em cada edição. Mas um detalhe me chamava a atenção, e não era a dúvida sobre qual seria o artista a subir no palco para o momento da contagem regressiva. O que mexia comigo ano a ano era uma questão: como será a experiência do público a 2 km de distância do palco, em uma área gigante como a Avenida Paulista?

Como acontece em todo show, o público que chega mais cedo fica próximo ao palco, os convidados VIPs também. Mas e aquelas pessoas que chegam mais tarde e só conseguem um lugar a muitos quarteirões de distância? Como será a festa do ponto de vista de quem está muito distante?

Confesso que isso me instigava a ser melhor a cada ano, planejando áreas de segurança, neutralização de espaços com muitos delays de som (caixa de som com atraso para a música alcançar maiores distâncias), torres de luz, telões de LED de alta resolução, efeitos especiais, cenografia, atendimento médico, espaço para alimentos e bebidas, entre outras necessidades.

Se alguém está a mais de 2 km de distância, será que essa pessoa está tendo a experiência que planejamos? Como poderíamos saber? Afinal, na correria do evento, sempre havia necessidades artísticas e um cronograma apertado, o que, para mim, tornava muito difícil sair do palco e ir tão longe para saber de fato qual era o resultado.

Em determinado ano, após a queima de fogos, tudo parecia bem, e o coronel da Polícia Militar me convidou para andar pela Avenida Paulista. Era cerca de 1 hora da manhã e, considerando que o evento terminaria às 2 horas e meia, estava tudo dentro do planejado.

Nós, com um olhar detalhado para a segurança, tínhamos uma área central da avenida exclusiva para deslocamentos. Um caminho que chamávamos de espinha de peixe, composto de uma via central cercada de barricadas (uma espécie de trincheira feita com estruturas fixas que impedem o acesso e são muito mais fortes que grades) e com estruturas laterais que tinham a função de contenção.

Lá conseguimos caminhar tranquilamente. Em um ponto, fui abordado por uma mulher. Ela me chamou por conta da minha roupa de "produção do evento" e me abraçou.

"Obrigada, este é o melhor Réveillon que eu passei na minha vida!", ela disse. Então apresentou-me à família, cuidou de colocar a neta em meu colo para uma foto.

Depois desse momento, que me deixou extremamente lisonjeado, voltamos à avenida. De onde estávamos, o que acontecia no palco era praticamente impossível de se ver.

A partir daí, a satisfação pelo elogio se tornou uma frustração. Mal começou o ano, reuni a equipe e, juntos, conseguimos achar uma solução para colocar telões que, em pontos estratégicos, garantiram que toda a avenida fosse impactada pelos próximos espetáculos da virada de ano.

Nesse momento, entendi que fama e sucesso não bastam. O que nos realiza plenamente é fazer o melhor e evoluir sempre no ofício que nascemos para exercer.

PREPARE-SE PARA A ETERNA BATALHA FINAL

Quando estamos preparados? Quando estamos prontos para alcançar a vitória final? Aquele sucesso que nos colocará definitiva e confortavelmente acomodados no ponto mais alto de tudo o que ousamos sonhar na vida profissional?

Tenho certeza de que, como eu e todo mundo, você também se faz essa pergunta. Por isso, considero este capítulo o mais importante. O decisivo.

Depois de mais de trinta anos construindo uma carreira que me deu a possibilidade de produzir eventos de expressão mundial, alcançar recompensas materiais e ter a bagagem certa para mergulhar em uma carreira educacional que, em poucos anos, rendeu frutos como dar aulas em uma faculdade que é referência e ser "embaixador" de umas das maiores universidades voltadas para as carreiras no entretenimento no mundo, acredito que tenho lugar de fala para dizer que o momento ideal, aquele no qual você se sentirá plenamente preparado para a grande batalha, é NUNCA.

> **A batalha final não existe para pessoas que têm apetite pela vida. E o motivo é muito simples: você jamais estará tão satisfeito com uma vitória a ponto de decretar que ela é a derradeira, a máxima, a final.**

É certo que, no fim das contas, você sairá de cada conquista instigado a saber e tatear o que tem depois. É uma reação irresistível para espíritos inquietos, e jamais haverá uma batalha final.

Mas não se preocupe nem desanime, porque isso é absolutamente normal.

A Terra não para de girar, a tecnologia e a ciência não param de inovar. Então por que é que a gente deve parar? Isso se chama evolução.

Eu tenho uma fórmula muito boa para atingir um grande objetivo, que aprendi com a leitura das teorias de Graham Wallas, um psicólogo inglês que baseou sua obra em nos ajudar a entender como gerar ideias (ou desejos) sólidos, ou seja, movidos pela paixão e ancorados na racionalidade.[19]

Dessas teorias, destaco aquela que mais faz sentido e mostra eficácia, pelo menos no meu caso. Os preceitos dessa fórmula são:

- **Preparação:** uma base de preparação, que envolve estudo, aprofundamento no que foi estudado e rodadas de autoquestionamentos sobre o que achamos que foi aprendido.
- **Incubação:** depois que você se sentir à vontade com tudo o que envolve os conhecimentos que cercam seus objetivos, é hora de entrar em estado de incubação. Com foco na meta, deixe seu cérebro trabalhar para agrupar todos os dados e informações de modo que use tudo que aprendeu e, quando organizado, indique caminhos e soluções viáveis para alcançar o que deseja.
- **Iluminação:** parece simples, mas não é. Exige muita concentração. Mas essa etapa da incubação irá transmutar naturalmente em iluminação. Criatividade, ideias concatenadas e um plano tático cristalino surgirão para te ajudar na batalha, que nem de longe será a final.

---

[19] AS QUATRO fases do processo criativo, segundo Graham Wallas. **A mente é maravilhosa.** Disponível em: https://amenteemaravilhosa.com.br/fases-do-processo-criativo-graham-wallas/. Acesso em: 14 jan. 2025.

A vida é um ciclo de aprender, agir, aprender ainda mais com as ações e agir cada vez melhor quanto mais se aprende. Isso não tem a ver com idade, nem com o lugar onde se vive, tampouco com a condição aquisitiva. Tem a ver com a essência da alma humana, que não para nunca.

O maior cuidado que devemos ter é nunca achar que a batalha da vez será a final. Se isso acontecer e você sentir que está no topo, acredite, é apenas uma ilusão. É começar a andar em círculos em vez de seguir em frente.

> **Na jornada de cada um aqui na Terra, os sonhos e as vocações que fazem parte dela são infinitos e incontroláveis. Ainda bem.**

Para fechar este livro, deixo um dos mais valiosos entendimentos que minha trajetória profissional me ensinou, o qual levei para todos os aspectos da vida: o preparo como algo fundamental.

Estar preparado me auxiliou não apenas em diversas situações cotidianas mas também em momentos críticos. Foi o que me salvou de desastres potenciais que poderiam ter prejudicado meu progresso.

Essa compreensão surgiu, principalmente, quando me tornei empresário. Ao contrário do que muitas vezes é imaginado, ser seu próprio patrão não é sinônimo de sentar nas nuvens e lá ficar, confortável, enquanto os outros ralam. É bem o contrário.

A responsabilidade aumenta, as cobranças multiplicam, as exigências se desdobram em um looping infinito. O sonho de ter o próprio negócio é uma semente que germina naturalmente no espírito de quem nasceu orientado para isso. Mas é preciso ter cuidado.

O primeiro ponto é saber se você realmente tem essa semente ou se está idealizando sucesso, liberdade e poder, associada às figuras dos grandes empresários. Se é isso que te move para o empreendedorismo, repense.

Mas então quer dizer que não compensa empreender? Que isso não traz compensações emocionais, funcionais e financeiras? Compensa, sim. Mas o fato é que, além da vocação, se você não tiver o tempo preparado para tudo, seu sonho se transformará na sua prisão, no seu hospício.

A multiplicidade dos conhecimentos exigidos de quem tem uma empresa é inimaginável. Quando eu era gestor de eventos, minhas habilidades relacionadas ao ofício bastavam; hoje, tenho que entender de contabilidade, RH, marketing motivacional, produção, psicologia, diplomacia, prospecção comercial, inovação e por aí vai.

É certo que a gestão de eventos, por si só, é um segmento que exige que a gente saiba navegar em diferentes oceanos e nas mais diversas situações climáticas. Há que se conhecer muito de tudo, desde os princípios básicos das relações humanas até big data, passando por arquitetura, meteorologia, condições de solo.

Acredito que essa bagagem de assuntos me ajudou, e ajuda, na empreitada de empreendedor. Mas, ainda assim, o olhar para entender o que está ao redor e o que não se vê é uma exigência ainda mais premente para quem tem um sonho em forma de negócio.

Foi a partir dessa compreensão que decidi que um dos primeiros eventos proprietários da minha nova empresa seria dedicado à multiplicidade de pensamentos e opiniões, com foco no futuro. Ou seja, profissionais renomados das mais diversas áreas, juntos para debater o futuro. Mas não aquele futuro quase que intangível de Asimov,[20] e sim aquele que acontecerá logo ali, em um piscar de olhos.

Chamamos o encontro de Um Dia Depois de Amanhã. Foi uma experiência transformadora para mim e para todos que estiveram presentes. Aquela mistura de conhecimentos, aquela diversidade de pontos de vista. Foi como desembaçar os olhos e perceber que o futuro, e todas as guinadas que ele acarreta, praticamente se fundem com o presente.

Ao mesmo tempo que tal constatação assusta, ela instiga e chama nossa atenção para a urgência de que estejamos sempre preparados, ou melhor, multipreparados para o futuro e para entender que isso não envolve mais ter planos para daqui a cinco ou dez anos.

---

[20] Isaac Asimov (1920-1992) nasceu na Rússia e escreveu obras como *Fundação* e *Eu, robô*. (N.E.)

Ainda ontem fizemos esse evento, que surpreendeu por revelar e tornar tangível que o futuro estava bem ali, na distância de um dia depois do amanhã.

Hoje, poucos anos depois daquele encontro memorável, não poderia encerrar esta nossa conversa de outra maneira senão dizendo que o futuro não é mais o dia depois de amanhã. E também não é o dia de hoje.

O futuro, meus amigos, está distante de nós no tempo que dura um piscar de olhos.

Pisque agora e já estará no futuro.

Isso é incontrolável. Prepare-se!

Se você não mudar, nada mudará.

Incontrolável: a ordem do caos
@marceloflores1

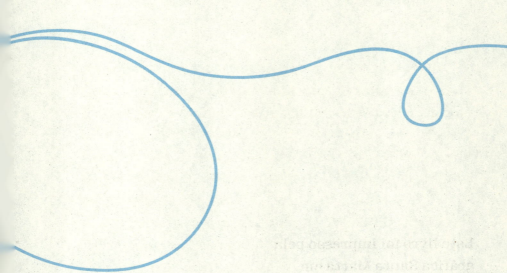

Este livro foi impresso pela
gráfica Santa Marta em
papel pólen bold 70 g/m²
em abril de 2025.